史潭清流

上海社会科学院历史研究所现代史研究室的

2012-2023年

马　军　江文君 等著

上海教育出版社

SHANGHAI EDUCATIONAL
PUBLISHING HOUSE

代序：现代史研究室应该担负起继往开来的历史责任

——2018 年 9 月 6 日在院庆 60 周年新书发布会上的讲话

马　军

各位老师，各位来宾，非常感谢大家能出席本学术团队和本研究室为院庆 60 周年而举行的新书发布会。尤其是我们现代史研究室的一些老同人今天能够到会，真是令人非常兴奋！

现代史研究室是 1998 年由原现代史研究室和原工人运动史研究室合并而成的。原工人运动史研究室始建于 1961 年，由来自上海市总工会上海工人运动史料委员会的人马组成，代表人物有沈以行、姜沛南、郑庆声等；而原现代史研究室的历史则更为久远，可追溯到建所初期的现代史组，核心人物有任建树、傅道慧、张铨等（在不同的历史时期，双方人员还时有穿插）。60 多年来，现代史研究室因应历史研究所革命史、现代史和上海史的重点发展方向，贡献出了一大批享誉海内外的优秀学术成果，其中最著名的是《上海工人运动史》（上、下卷）和《五卅运动史料》（共三卷）。

在室内几十位同人的持久努力下，毫无疑问，现代史研究室已成为上海社科院历史研究所不可或缺的主力，是中流砥柱之一。借此机会，请允许我向为本研究室的发展做出过贡献的所有人致以深深的感谢！对那些已经不在的人，我们会永远缅怀他们，他们的音容笑貌和不惧磨难与挫折的学术钻研精神，将长相吾等左右……

时光荏苒，2006 年 9 月历史研究所建所 50 周年之际，现代史研究室曾有一张合影，其中有罗苏文、张培德、陈同、袁燮铭、金大陆、张秀莉、饶玲一和我。12 年过去了，目前仍在室内服务的只留有我一人。好在现代史研究室就像一条长河，是一个有过去，有现在，有未来的学术共同体，有一种纽带将我们每个人连在了一起，无论是生还是死，是在职还是退休，是在国内还是在国外……

现代史研究室不仅有着光荣的历史，也蕴含着非常丰厚的文化积淀，今天保存在研究室内墙壁一侧，走廊一边的数千万字的历史资料就是见证。它们是前辈们留给我们的宝贵遗产，也是我们今天奋进的起点和指南，如果我们不能善加利用，则无以肩负起"祖宗先民"交付的历史责任，我们的"后代子孙"也将面临无所适从的生活。我想，这是我们现代史研究室在职八位同人的共识。

可以向大家报告的是，今天的现代史研究室可谓是人才济济，我们有最好的科技史专家，有最好的日文书写文献识别专家，有最好的民国教育史专家，也有最好的医疗史专家和地方史、地方志专家，等等。继往开来的责任在我们肩上，无论处于何种心境，无论周边的环境如何不遂人意，我们都不要忘记初心，千万不要辜负了"历史老人"的重托。

在这里，我要特别感谢上海社会科学院创新工程办公室和历史研究所领导的大力支持，没有他们的赞助，这几本小书是难以面世的。请有关方面继续支持我们，拜托了。

我现在可以预告的是，2019 年本研究室和本创新团队将取得比 2018 年更为丰硕的学术成果。让我们沿着李亚农、周予同、杨宽、奚原、徐崙、沈以行等所长开辟的"历史所之路"继续前行。愿上海社会科学院和历史研究所繁荣昌盛！愿本研究室退休同人健康长寿！

请大家稍后就我们的研究工作给予直言不讳的批评和指导。

目 录

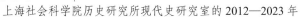

办刊信息

室友风采

史潭 清流

上海社会科学院历史研究所现代史研究室的 2012—2023 年

会议综要

2012—2023 年上海社会科学院历史研究所现代史研究室暨"中国现代史"创新型学科团队举办学术活动目录

马　军（编）

1. 本研究室与本所近代史研究室共同承办"1949 年以来的上海"国际学术讨论会（时间：2012 年 12 月 18 日、19 日，地点：上海社科院分部）

2. 本研究室与本所近代史研究室共同承办"对外开放与上海城市发展"国际学术讨论会（时间：2014 年 2 月 20 日、21 日，地点：上海社科院分部）

3. 本研究室与法国里昂高师东亚学院共同主办"法租界与近代上海"国际学术讨论会（时间：2014 年 5 月 27 日、28 日，地点：上海三山会馆）

4. 本研究室与中国航海博物馆学术研究部共同主办"纪念中日甲午战争 120 周年"学术讨论会（时间：2014 年 9 月 17 日，地点：上海社科院分部）

5. 本研究室与法国里昂高师东亚学院共同主办"中法友谊之舟"论坛（时间：2014 年 9 月 25 日，地点：上海社科院分部）

6. 本研究室与本所近代史研究室共同主办"第一次世界大战·中国·上海"学术讨论会（时间：2014 年 12 月 1 日，地点：上海社科院分部）

7. 本研究室主办"民国政要与第二次世界大战"学术研讨会（时间：2015 年 4 月 5 日、6 日，地点：上海社科院分部）

8. 本研究室承办"苏联卫国战争与中国"学术研讨会（时间：2015 年 5 月 9 日，地点：上海社科院分部）

9. 本研究室主办"姜沛南研究员学术资料捐助仪式暨纪念五卅运动 90 周年"座谈会（时间：2015 年 5 月 29 日，地点：上海社科院分部）

10. 本研究室主办"赛先生在中国：中国科学社成立百年"纪念暨国际学术讨论会（时间：2015 年 10 月 25 日，地点：上海社科院分部）

11. 上海师范大学人文与传播学院主办，本团队协办"法租界与上海城市变迁"国际学术研讨会（时间：2016 年 6 月 10 日、11 日，地点：上海师范大学徐汇校区）

12. 本研究室主办"1936 年：世界、中国与上海"学术研讨会（时间：2016 年 11 月 12 日、13 日，地点：上海社科院分部）

13. 本研究室主办《上海工人运动历史资料》"新书首发式（时间：2016 年 11 月 24 日，地点：上海社科院分部）

14. 本研究室承办"光辉的 90 年：中国人民解放军的建立与发展"学术研讨会（时间：2017 年 7 月 8 日，地点：上海社科院分部）

15. 本研究室与南开大学历史学院共同承办"抗日战争史研究新趋势"学术讨论会（时间：2017 年 9 月 2 日、3 日，地点：上海社科院分部）

16. 本研究室主办"'战乱中的上海'丛书"首发式（时间：2017 年 11 月 27 日，地点：上海社科院分部）

17. 本研究室主办"《上海法租界史》（第二辑）"新书发布会（时间：2018 年 1 月 20 日，地点：上海社科院分部）

18. 本研究室主办"院庆 60 周年"新书发布会（时间：2018 年 9 月 6 日，地点：上海社科院分部）

19. 本研究室主办"海峡两岸女性历史学者"工作坊（时间：2018 年 10 月 19 日，地点：上海社科院分部）

20. 上海师范大学人文与传播学院主办，本团队协办"巴黎与上海之间：第三届上海法租界史"国际学术研讨会（时间：2018 年 10 月 20 日、21 日，地点：上海师范大学徐汇校区）

21. 本研究室主办"李亚农、沈以行两所长追思会暨纪念册（征求意见稿）"发行式（时间：2018 年 10 月 26 日，地点：上海社科院分部）

22. 本研究室与日本上海史研究会共同主办"中日学者中日关系史"交流会（时间：2019 年 3 月 1 日，地点：上海社科院分部）

23. 本研究室主办"五四运动 100 周年学术纪念活动：《五四运动在上海史料选辑》（1960 年版）是怎样编成的？"（时间：2019 年 5 月 6 日，地点：上海社科院分部）

24. 本研究室与上海师范大学都市文化研究中心合作主办"1949 年：上海解放"论坛（时间：2019 年 5 月 28 日，地点：上海社科院分部）

25. 本团队主办"《上海工人运动史大事记两种》"首发式（时间：2019 年 6 月 20 日，地点：沪东工人文化宫分部）

26. 上海师范大学人文与传播学院等主办，本团队协办"从'抗战'到'二战'——纪念第二次世界大战爆发 80 周年"学术研究会（时间：2019 年 8 月 24 日、25 日，地点：上海师范大学徐汇校区）

27. 本研究室主办"方诗铭所长诞辰 100 周年纪念册"发行式（时间：2019 年 9 月 26 日，地点：上海社科院分部）

28. 本研究室与上海社会科学院智库建设处合作主办"上海社会科学院国家高端智库大家讲坛·梁元生教授演讲：一、边缘与之间：我的上海研究之路；二、林乐知与尹致昊的沪上因缘"（时间：2019 年 10 月 16 日、18 日，地点：上海社科院分部）

29. 本研究室主办，上海科学技术出版社协办《赛先生在中国——中国科学社研究》新书发布暨'中国科学社档案资料整理与研究丛书'"座谈会（时间：2019 年 11 月 3 日，地点：上海社科院分部）

30. 本研究室主办"《上海史》（1989 年版）出版 30 周年"纪念座谈会（时间：2019 年 12 月 5 日，地点：上海社科院分部）

31. 本研究室主办"迎国庆"新书（12 种）发布式（时间：2020 年 9 月 28 日，地点：上海社科院分部历史所大会议室）

32. 本研究室主办"《李亚农古文字研究四种》"发布式（时间：2020 年 11 月 30 日，地点：上海社科院分部历史所大会议室）

33. 本研究室主办"上海所见的亚洲太平洋战争"学术工作坊（时间：2020 年 12

月 7 日，地点：上海社科院分部历史所大会议室）

34. 上海社会科学院出版社主办，本研究室与《社会科学报》社协办"党史百年·赤诚丹心——上海社会科学院庆祝建党 100 周年"主题出版物展（时间：2021 年 6 月 24 日，地点：上海社科院总部）

35. 本研究室主任马军与本所古代史研究室司马朝军发起、组办"周予同先生逝世 40 周年"纪念会（时间：2021 年 6 月 26 日，地点：上海社科院分部历史所大会议室）

36. 上海社会科学院党委主办，本院图书馆承办，本研究室与《社会科学报》社协办"马克思主义旗帜永远飘扬——上海社会科学院图书馆纪念建党百年"馆藏文献展（时间：2021 年 6 月 28 日，地点：上海社科院分部本院图书馆）

37. 本研究室主办"迟到 60 年的献礼"新书首发式（时间：2021 年 7 月 23 日，地点：上海社科院分部历史所大会议室）

38. 本研究室主办"历史研究所建所 65 周年"新书发布式（时间：2021 年 10 月 25 日，地点：上海社科院分部历史所大会议室）

39. 本研究室主任马军与陈正书之女陈明合办"陈正书研究员八十冥诞"追思会暨纪念册发行式（时间：2021 年 11 月 29 日，地点：上海社科院分部历史所大会议室）

40. 本研究室主任马军与刘修明之子刘潇江合办"刘修明先生逝世周年"追思会（时间：2022 年 2 月 17 日，地点：上海社科院分部历史所大会议室）

41. 本研究室与上海师范大学都市文化研究中心合作主办《申报》创刊 150 年"纪念座谈会（时间：2022 年 4 月 30 日，地点：线上——腾讯会议）

42. 上海陈化成纪念馆主办，本研究室等协办"传承英雄记忆，共续民族精神——纪念陈化成殉国 180 周年"线上座谈会（时间：2022 年 6 月 15 日，地点：线下——上海淞沪抗战纪念馆，线上——腾讯会议）

43. 本研究室与上海师范大学都市文化研究中心合作主办"纪念全面抗战爆发 85 周年"青年学生论坛（时间：2022 年 7 月 6 日，地点：线上——腾讯会议）

44. 本研究室主办"薛尚实等著《上海大学简史（初编）》"赠送仪式（时间：2022 年 10 月 15 日，地点：柳州路逸山咖啡馆）

45. 本研究室主办，上海抗战与世界反法西斯战争研究会、上海师范大学都市文化研究中心协办"侵华日军金山卫登陆与中国抗战"国际学术研讨会（时间：2022 年 11 月 5 日，地点：金山区党群服务中心）

46. 本研究室主办"《上海史研究通讯》新刊第四辑（总第 15 期）"赠送仪式（时间：2022 年 11 月 15 日，地点：柳州路逸山咖啡馆）

47. 本研究室与中国劳动组合书记部旧址陈列馆联合主办"纪念二七罢工 100 周年中国工人运动史"研讨会（时间：2023 年 2 月 7 日，地点：线上——腾讯会议）

48. 上海抗战与世界反法西斯战争研究会主办，本研究室与上海淞沪抗战纪念馆等联合承办"上海抗战"青年论坛（时间：2023 年 5 月 4 日，地点：上海淞沪抗战纪念馆）

49. 上海抗战与世界反法西斯战争研究会等主办，本研究室协办"城市接管与建设——庆祝上海解放 74 周年"学术座谈会（时间：2023 年 5 月 26 日，地点：上海淞沪抗战纪念馆）

另外还开办了两个连续性的论坛，其一是"二战史"论坛，已进行 10 讲，概况见下：

演讲人	演讲人单位	主题	时间	地点
柯蓉（Christine Cornet）	法国里昂第二大学历史系	上海法租界的战时管理	2015 年 4 月 23 日	历史所大会议室
毕诺（Jean-Luc Pinol）	法国里昂高等师范学院历史系	"二战"与巴黎	2015 年 5 月 22 日	历史所大会议室
安克强（Christian Henriot）	法国里昂第二大学	"一·二八"抗战再探	2015 年 6 月 26 日	历史所大会议室
李培德	香港大学商学院	第二次世界大战中的香港华商	2015 年 12 月 24 日	历史所大会议室
高纲博文	日本大学通信教育部	日本占领下的国际都市上海	2016 年 3 月 15 日	历史所大会议室
吴淑凤	台北"国史馆"	从档案看抗战史研究新题材	2017 年 9 月 16 日	历史所大会议室
刘士永	台湾"中研院"台湾史研究所	中国战时营养学研究初探	2018 年 4 月 20 日	历史所大会议室

（续表）

演讲人	演讲人单位	主　题	时　间	地　点
臧运祜/陈默	北京大学历史系/四川大学历史文化学院	日本侵华史研究的回顾与展望/抗战国军新探	2018 年 5 月 11 日	历史所大会议室
段瑞聪	日本庆应义塾大学商学部	蒋介石与中日战后处理	2019 年 8 月 23 日	历史所大会议室
江文君/马军	上海社会科学院历史研究所	上海：1941 年 12 月 8 日/太平洋战争的世界历史意义	2021 年 12 月 8 日	历史所大会议室

其二为"现代中国与世界"论坛，已进行四讲，概况见下：

演讲人	演讲人单位	主　题	时　间	地　点
亚历山大·罗曼诺夫	俄罗斯科学院远东研究所	当今俄罗斯人视野中的十月革命	2017 年 9 月 5 日	历史所大会议室
巫仁恕	台湾"中研院"近代史研究所	城市指南与近代中国城市史研究	2019 年 5 月 17 日	历史所大会议室
小浜正子	日本大学文理学院	中国当代性别秩序变迁	2019 年 6 月 18 日	历史所大会议室
刘华	上海市历史博物馆	中共从这里诞生：《1921 年上海法租界公董局年报》的法译汉	2021 年 7 月 14 日	历史所大会议室

上海史研究的新气象

——"1949 年以来的上海"国际学术讨论会在沪召开

徐锋华

2012 年 12 月 18 日、19 日，由上海社会科学院历史研究所主办的"1949 年以来的上海"国际学术讨论会在本院国际社科创新基地隆重召开。会议由历史研究所副所长王健研究员主持，副院长兼所长黄仁伟研究员、中国社会科学院当代中国史研究所副所长张星星研究员先后致辞。王家范、沈渭滨、丁凤麟、杨国强、许纪霖、黎志刚、胡志德、小浜正子、史通文、陈细晶、孔令琴等来自海内外高校、科研机构、报社和学术期刊的专家学者 60 多人与会。

本次研讨会共有与会论文 38 篇，分为五个议题，即：秩序重建与上海的再中心化，上海记忆与都市文化的重塑，都市语境与社会的国家化，城市建设、生产革命与产业变迁，新史料与新上海史书写，在 10 个专场依次展开了热烈而深度的讨论。

秩序重建与上海的再中心化

韩国学者陈细晶考察了 1950 年代初上海报业国有化的历史渊源，探讨了中国共产党直接控制新闻媒体较为成功的原因。她认为，1950 年代报业国有化因袭了抗日战争期间传媒结构转型的路径，中共通过将私有媒体从报业市场中驱逐出去，或者将它们转为公有媒体、公私合营媒体，空前成功地控制了新闻媒体。何品以浙江第一商业银行为考察对象，对其最后三年的历史变迁进行研究，将其作为上海私营金融业社会主义改造的一个案例加以探讨。日本学者大泽肇以 1949—1951 年上海及其周边地区松江县的初中教员和学生为例，考察当时教育重建的过程，以及中共政权对学生、教员以及教育事业的认识。贺水金认为，上海在开埠后迅速崛起，跃升为中国第一大都市、国际大港、世界名城，这是在开放条件下，上海城市综合竞争力全面提升所致，尤其是其得天独厚的区位优势。

施扣柱将上海外国语大学附中的办学理念、课程设置、教学方法、课外活动概括为一种模式，指出只要拥有办学自主权，体制内学校也能充满活力，特别是在教育行政管理上，给金钱不如给政策。李志茗认为，上海近代出版中心的地位在 1949 年后逐渐受到削弱，并因在"文革"期间遭到严重冲击而元气大伤。改革开放以来，上海的出版业取得了不少成绩，但就全国范围而言，发展步伐仍明显较慢，要回归中国的出版中心还有很长的路要走。冯志阳指出，上海在资本、人才、文化市场和社会环境等方面都为大众媒体的飞速发展提供了良好的条件，但是徘徊于意识形态与市场之间的上海传媒始终很难打造出真正具有全国影响力的传媒品牌。徐锋华提出，中共执政后将中国福利会等少数团体合理转化，进而纳入政治体制，这虽然巩固了新生政权，但无意中也削弱了民间社团自身应有的活力，增加了政府机构的财政负担。

上海记忆与都市文化的重塑

周武认为，1949 年以后，上海原有的多元文化空间与格局已不复存在，由此迈入了革命文化一枝独秀的时代。但退隐并不意味着消失，作为一种文化的隐性构造，先前由江南文化与欧美文化融汇而成的上海都市文化依然执拗、曲折地存在于上海人的生活世界和精神世界之中，而且使革命文化在一定程度上具有了上海的特征。德国学者史通文以歌曲《何日君再来》为对象，研究 20 世纪中国流行音乐里的传统、政治及其意义，提供了讨论中国近代史上音乐欣赏和实践断裂与延续的一个新视角。日本学者岩间一弘指出，日本的大众媒体把上海美化成一个充满怀旧情结和异国情调的"西式中国风"的世界。这个词唤醒了曾在上海盛行一时的对西洋化中国的憧憬，让日本游客在重温怀旧浪漫情调的同时舒展身心，寻一片安宁。罗苏文以四位近代上海著名画家为考察对象，论述了他们在美

术探索上融合中西的努力。

张剑以数学家代表谷超豪为对象，考察了他纠缠于学术与政治之间的数学人生。林升宝研究了朱克家个人形象历史变迁中的不同版本，指出在"文革"的特殊年代里，由于揭发者所属利益关系的不同，对于他们所提供的揭发材料需要甄别，并用一种怀疑的态度来看待。田一平总结了 1937—1966 年上海书画名家社会生活多变多彩的特点。张犇论述了 1950 年 2 月 6 日国民党飞机对上海进行轰炸破坏的概况，以及中共政权的应对措施。

都市语境与社会的国家化

冯筱才指出，1959—1961 年的大饥荒是中国历史上的巨大灾难，不同地区的人民对灾难的记忆是不同的，城乡居民的差异可能更大，大饥荒时期城乡人口的死亡率显著不同，尤其像北京、天津、上海这三个直辖市，从目前的官方统计看来，其户籍居民没有明显的非正常死亡现象。金大陆认为，整个"文革"期间的社会运转处于"非常"状态中，在不同的时段和不同的人群中，人们对金钱、财富的认知和态度会有不同的表达（含"隐性表达"和"显性表达"）。徐有威以位于安徽的上海小三线最大企业上海八五钢厂为研究对象，指出小三线建设是新中国历史上重要的经济建设活动，近 10 万上海人由此远离故乡大上海，他们的人生包括私人生活由此被彻底改变。孙沛东考察了上海相亲角与"白发相亲"现象，探讨了知青一代父母的集体焦虑。

日本学者小浜正子论述了 20 世纪五六十年代上海生育节制的普及，指出每一个国家节制生育的普及情况，体现了特定社会的历史时期、人口结构、政府的政策实施、社会性别的结构和技术水平，以及妇女本身的愿望等种种条件和环境。陈同考察了 20 世纪 50 年代初新中国的律师制度，他认为，当时本着要建立一个有别于旧世界的新社会的想法，对于律师制度的认识还不是很充分，并抱有某种疑虑。因此，如何调和新旧之间的矛盾就成了一个难解的问题。江文君论述了所谓上海中产阶级（包括职员与专业工作者）在新中国成立初期一体化社会进程中的命运与归宿。吴健熙考察了 1949 年以后上海对旧警察的留用问题，尤其是对人员的去向、归宿情况作了较为详实、系统的调查。

城市建设、生产革命与产业变迁

姜进指出，城市理论是中国共产党理论建设中一个相对薄弱的环节，在全国解放前夕，根据毛泽东报告和七届二中全会的决议，中共对城市工作的理解就是恢复和发展工业生产。该方针在此后 30 年里指导了对于城市发展的设计理念和基本政策，推行了一种没有城市化的工业化模式。蔡亮的研究表明，80 年代以来，日本对上海的技术援助主要集中于企业的现代化改造方面，对克服上海传统制造业设备老化、管理落后等不利因素起到了积极的作用。黄坚探讨了"大跃进"时期上海的卫星城建设，认为它是上海自近代以来城市空间发展史上一次前所未有的大扩张，充分体现了工业化对城市化的巨大推动作用。但与此同时，也暴露出了城市功能单一化所造成的现代化水平与工业化提高程度不相协调的诸多问题。

张忠民以上海私营工商企业为中心，研究表明了"五反"运动是在企业产权制度没有根本变化之前，在其治理结构上全面地深深楔入了以劳资协商会议为主要实现形式的制度安排，这就为后来以"公私合营"形式解决私营企业问题埋下了伏笔。林超超研究了 1950 年代上海工业企业的劳动竞赛；严宇鸣讨论了新中国成立之初的工时改革运动，以及国家管理角色的转变；朱榕探讨了 1978—2008 年上海旅游文化产业的发展特点。

新史料与新上海史书写

来自澳洲的黎志刚论述了研究当代上海商业史的一些方法和技巧。张伟然解读了计划经济时代的一卷"生活错误"档案，发现其中交织着私情、经济、政治三条线索，记录了一群基层小人物的生活史。马军记叙了 1950 年代上海总工会下属的"上海工人运动史料委员会"及其负责人沈以行先生，表现出至诚至深的所史情愫和不忘前辈恩泽的人文情怀。承载介绍了自己搜集的形成于 20 世纪 50 至 80 年代一批上海城市基层社会档案的概况；邢建榕则依据《上海市档案馆指南（修订版）》，介绍了该馆所藏 1949 年后档案史料的开发与利用的状况；段炼对 1949—2004 年上海地区的新编方志进行排摸和补遗，所作目录贡献良多。

此外，若干老一辈史学家就上海当代史研究的愿景作了建设性的展望。王家范指出，新的史学变革体现在历史时段的重心下移，即从古代史下移至近代、现代史，最后必然是当代史，所以应占得先机、勇开风气，这次会议指明了第二波史学革命的方向，很可能具有里程碑的意义。沈渭滨认为，敢于领先、敢于创新才是上海的城市精神，因而不必拘泥于维护地域文化。丁凤麟说，上海当代史有好多文章可做，当代人写当代史很难，容易写成歌功颂德的东西，这样的研究不能算是成功的。马长林则认为，研究当代史相当重要，可以提供决策性参考，应把被淹没、被遗忘的故事和不为人知的角落挖掘、展现出来，上海当代史还有很多未开垦的处女地，上海学者应发挥引领作用。冯绍霆指出，作为史学工作者，无论如何不能情绪化，只有保持理性立场，才能找出有价值的问题。许洪新认为，上海当代史研究很有希望成为显学，建议先做好研究规划，目前的研究呈碎片化情有可原，因为没经过系统思考。戴鞍钢指出，这次会议非常有意义，因为无论是从 1840 年还是从 1949 年算起，上海都是中国的排头兵。他建议加强城郊研究，以及上海与外地的互补关系，同时不可忽略国际因素的研究。

历史所成功举办"对外开放与上海城市发展"国际学术讨论会

历史研究所

2014 年 2 月 20 日、21 日,上海社会科学院历史研究所主办的"对外开放与上海城市发展"国际学术讨论会顺利举行,来自中国、英国、美国、法国、澳大利亚等国家的 50 余位中外学者围绕"一座传奇性都市的前世今生"进行了热烈而深入的交流。历史所副所长王健在开幕式上致辞,对与会专家学者表示欢迎。社科院副院长、历史所所长黄仁伟在会议结束时,对会议的成功举办表示充分肯定。

一、宏观上海

会议的首要议题是"宏观上海"。恰如该议题的主持者华东师范大学杨国强教授所言,"在上海史研究过分地器物化和碎片化的情况下,'宏观上海'的提出主要告诉我们历史研究需要贯通前后的大视野和大关怀"。台湾"中研院"刘石吉研究员以"上海走向海上"为题,对上海以港兴市的过程进行了宏观把握。华东师范大学张济顺教授的报告"再现圣约翰?美国大学在上海(1879—2012)",回溯了圣约翰大学的办学历程,认为大学的使命是促进人的全面发展,而这也应该是上海纽约大学必须坚守的价值。上海社科院周武研究员的主题演讲,把上海开埠 170 年的历史概括为三次城市转型的历史:开埠后,上海从以埠际贸易为主的区域性港市转型为外贸主导的国际性"互市巨埠";甲午战争后,上海从商业都市转型为商业与制造业并重的"工商都市"，1949年以后更进一步转型为共和国的工业基地；1978年后，上海从功能单一的生产型城市转型为优先发展现代服务业的国际大都市。这些主题报告均在时间维度上跨越了上海的"前世今生"，真正实现了用一种宏阔的视野来观察上海。

二、城市空间与都会经济的转型发展

会议的第二个议题关注的是经济。上海社科院徐锋华副研究员的报告主要聚焦于洋务大员主导的自强运动对于上海经济崛起的作用。复旦大学戴鞍钢教授论述了上海在成为中国近代工业中心的历史进程中，对长江三角洲地区工业兴起和发展，在资金、技术和人才等诸多方面都发生了集聚和辐射效应。上海社科院马军研究员提交的论文所关注的对象——百乐门饭店，集中地展现了19世纪下半叶上海经济崛起过程中的获利者群像，即通过蚕丝对外贸易而暴富的南浔"大象"和因长期主持洋务企业而聚敛无数财富的"常州巨族"。该议题内的部分论文探讨的是城市空间，如华东师范大学姜进教授的《从"超俗"到"入世"——近代上海徐园的变迁（1883—1919）》一文，集中探讨了徐园。因其主人徐鸿逵是浙江海宁丝商，开设有怡成丝栈，且是怡和丝厂的三大董事之一，从而使得徐园的变迁历程成为商人群体在上海地位不断上升的见证。上海是一座经济都市，经济是上海的核心价值所在。上海城市空间的拓展与变迁，显然与都市经济的转型发展互为表里。

三、都市场域中的组织、群体与个人

会议的第三个议题探讨的是城市社会中的活动主体。首先是个人。上海社科院戴海斌副研究员用详尽的史料考证了郑观应在庚子国变时期对轮船招商局"换旗"交涉的慎密操作。上海社科院程念祺副研究员在《论穆藕初》一文中，对大工业时代上海第一产业——棉纺织业中的巨擘穆藕初的一生功业进行了述评，展现了一个人与一座城的一个时代。其次是群体。上海社科院陈同副研究员对抗日战争时期上海律师的研究，上海社科院江文君博士关于近代上海新闻记者的研究，都是以某个职业群体为对象进行探讨。再则是组织。澳大利亚昆士兰大学黎志刚教授对于香山商人组织的研究，上海社科院冯志阳博士关于广肇公所与庚子救援关系的探讨，有着共同的关注对象，即同乡会组织。上海是一个移民城市，因而同乡会性质的组织十分普遍；上海又是一个现代都市，因而各种专业化的职业群体也相当典型。无论是组织还是群体，都由具体的个人组成。上海的"前世今生"正是由这些个人、群体和组织创造出来的。

四、文本生产、城市记忆与文化都市的构建

会议的第四个议题是文化。香港中文大学梁元生教授用"多元"和"之间"来概括上海城市文化，认为上海是一座永远在中西之间、城乡之间和传统与现代之间寻求平衡和发展的"之间城"。华东师范大学瞿骏副教授"以几位江浙地区基层读书人的日记为主体材料"，论述了上海文化向周边地区辐射的具体过程。上海社科院沈洁副研究员对沪上报刊书籍流向全国各地的流通渠道进行了细致考察，认为上海书报业对清末"君宪"思想、革命思想的产生和传播，均"有着举足轻重的作用"。山西大同大学何建国博士则对国民党意识形态的文本基础——孙中山著作在沪出版的情况进行了分析和解读。华东师范大学杜英副教授的论文指出，"左翼文化—延安文学—共和国文学、文化的理论框架"是学界长期以来研究共产党建政前后文学"转折"的主流范式，虽然杜英的本意是要突破这一解释框架，但这一主流范式的提出本身便充分说明，共和国意识形态的国内源头也主要在上海。可以说，现代中国的思想、理念和意识形态都孕育于上海，并由上海辐射全国。

五、开放历程：上海与世界

会议的第五个议题是"上海与世界"。香港科技大学苏基朗教授向会议提供了一封生活于清末上海的日本汉学家的书信，据这封"上海来信"，清末上海的日本妓女竟然多到可以"左右各行业生意（日本人所经营）之盛衰"。上海社科院李志茗研究员的论文讲述了为追求商业利润前来中国的英美侨民，如何将一个江南市镇变为"西方的上海，西方的骄傲"的过程。台湾"中研院"张宁副研究员的研究，则显示源自上海外人社群的跑马等运动项目，某种程度上成为华

人精英"重塑身份地位"的平台。上海社科院施扣柱副研究员认为,上海教育在 1949 年前最重要的特征之一便是国际化,体现为"办学力量与师资力量的国际化"等方面。法国里昂高师东亚学院的蒋杰博士指出,"虹桥——徐家汇军事区"在孤岛时期的大部分时间里,既不属于租界,也不属于沦陷区,但它确实为寓沪华人提供了一个相当于租界的安全保护区。学界此前往往把"孤岛"等同于租界,蒋杰的研究表明,"孤岛"的范围其实并不限于租界,"必须从空间和行政的视角"重新审视"孤岛"概念。

分组会议结束后,华东师范大学王家范教授、上海市档案馆马长林研究馆员等十多位教授和研究员举行了圆桌会议,回望城市史,并探讨新上海史的书写。在最后的闭幕式上,周武研究员对本次会议进行了学术总结,认为本次会议展示出大视野、大思路和大关怀,论域广泛,议题新颖,且论证细密深刻,这些共同构成了本次会议的内在魅力。

"法租界与近代上海"国际学术讨论会会议综述

岳钦韬

2014 年 5 月 27 日至 28 日，"法租界与近代上海"国际学术讨论会在南浦大桥桥下，具有百年历史的三山会馆隆重举行。本次会议由上海社会科学院历史研究所、法国里昂东亚学院主办，三山会馆管理处协办。来自法国、中国的 42 名新老学者汇聚一堂，围绕着法租界的发展与近代上海城市变迁问题作了广泛深入的研讨。

会议海报

本次会议于 5 月 27 日上午 9 点整开幕，由上海社会科学院历史研究所副所长王健研究员、里昂东亚学院柯蓉（Christine Cornet）以及三山会馆管理处主任王树明分别致开幕词。会议分五组进行讨论，共有 20 位学者就自己的论文作了报告。

出席本次会议的嘉宾、主持人、评论人还有上海市档案馆的冯绍霆、马长林、邢建榕、何品，东华大学人文学院历史研究所的白华山副教授，苏州科技学院人文学院的张笑川副教授，徐汇区文化局的欧晓川、宋浩杰，徐汇区图书馆的房芸芳、黄浦区文化局的朱畅江、黄浦区文保所的张富强，以及上海社科院历史所的陈同、张剑、蒋宝麟、赵婧等多名研究人员。

一、大视野、大时代之下

会议以上海社会科学院历史研究所周武的《上海法租界史研究的若干问题》为始，他就两界共管与法租界的独立，公董局与法租界治理体系，西区开发与上海的摩登时代三个方面进行了研究，指出了当前该领域研究中最值得注意的一些问题。

该所李志茗的论文《上海早期英法租界：制度视野下的比较分析》对早期两租界的形成问题不仅作了详细的阐述，而且从制度的视角对两者进行了比较分析，认为英、美、法三国领事以不平等条约为后盾，凭借个人能力开辟并管理租界，虽然制造了繁荣，但也给所在国带来了苦难。

来自台湾清华大学中文系暨历史研究所的陈珏以"上海史中的汉学与汉学史中的上海"为题，从汉学史、物质文化、西学东渐三个学术聚焦点来观察上海史，从"汉学史"的角度，以清末民初的西学东渐为背景来研究上海史中的学术问题，从而为法租界的研究提供了背景参考。

从 1926 年起，上海法租界和公共租界出于"安全"的目的，在其与华界的各重要路口建筑了数十道铁门，不仅阻断了通路，也给正常的城市运作制造了很大麻烦。上海社科院历史所马军的《铁门续曲（1937 年 11 月—1946 年 1 月）：以上海南市华法交界处为主线的考察》一文，即探讨了上海沦陷后南市华法交界处的多道铁门对南北交通和市民生活的复杂影响，以及各方为最后拆除铁门所作的努力。

该所江文君所作的"战时上海南市难民区"报告详细叙述了法国天主教会的饶家驹（Robert Jacquinot de Besange）神父设立上海南市难民安全区保护难民，

与日方交涉的过程，并描绘了难民区民众的生活实态。此外，他还比较了上海、南京两地安全区的异同，并介绍了中法合作课题"战争塑造上海"的研究计划。

二、军警和司法

北京师范大学历史学院江天岳的《"拓垦者"与"保护神"的传说：法国首任驻华舰队司令卜罗德与上海法租界》一文，对卜罗德（Auguste-Léopold Protet）来华作了多维度的考察，指出其所谓的"保护神"和"拓垦者"形象均建立在法国在华殖民扩张的棋局上，但也展现出上海这座城市在中外初交之际冲突与融合共生并存的历史风貌。

里昂东亚学院侯庆斌的《问题、史料与方法：上海法租界会审公廨（1869—1931）研究的若干思考》指出目前学界由于史料方面的局限，对公共租界会审公廨的研究相对充分，对法租界会审公廨的研究则非常滞后。该文基于法国外交部的档案资料，在史料、问题意识、研究思路等方面提出了一些思考。

里昂东亚学院的柯蓉以"服役于上海法租界的越南警察（1906—1946）：被服、安居、保健与教育"为题，论述了1907年越南警察开始定期服役于法租界后"融入"城市的问题。为了吸引更多越南人加入法租界警察部队，法国当局不得不为他们提供精神、保健和社会生活的必需品。中国人民大学国际关系学院朱晓明提交的《上海法租界越南巡捕研究》与柯蓉的论文有着相近的研究旨趣和路径。

三、居民与市政

上海社会科学院历史所牟振宇以"开埠初期上海法侨人口、职业及社会网络（1842—1875）"为题，通过对1842—1875年开埠初期来沪法侨的人口、籍贯及社会网络关系三个方面的详细考证，认为他们对于法租界市政制度的创建和城市发展起着举足轻重的作用，对上海城市的政治、文化和社会等方面也产生了深远影响。

里昂东亚学院谭欣欣的《秩序与意外：历史图片、图表和GIS地图中的上海法租界公共交通安全情况（1908—1937）》通过图表和GIS地图等手段，分析了1908—1937年间的界内有轨电车意外事故发生的原因，并使用历史图片评述了法租界公董局改善公共交通安全情况的措施及当地居民的反应。

上海师范大学历史系岳钦韬的《法租界高架铁路的规划与废止：兼论上海城市周边铁路路线的形成》一文，指出近代上海的铁路对城市发展的促进作用比较有限，其原因是包括法租界高架铁路在内的淞沪、沪宁、沪杭甬等城市周边铁路是在中西双方围绕租界扩张的抗衡中形成的，而很少出于工商业和港口发展的内生需求。

上海社科院历史所陆烨带来的报告"市政抗捐运动与上海法租界市民团体（1919—1937）"认为法租界华人全境型市民团体兴起于五四运动，而抗战前法租界市民团体的发展和演变体现了市政捐税在法租界城市政治中的重要影响，也反映了法租界社会的特点和近代帮会在城市政治中的作用。

四、浸润"法兰西"文化

上海市黄浦区档案馆许洪新的论文《论租界时期今思南公馆街区文化特点：上海法租界核心地块一居住街区的个案研究》指出，思南公馆街区是法租界当局精心打造的新核心地块中一个高档居住区，因此成为东方巴黎最具法兰西精气神韵的代表性城区，研究其历史文化对认识法租界和上海城市文化中不同类型城区特点很有意义。

上海市历史博物馆刘华的"上海市历史博物馆馆藏法文旧书介绍"对由该馆收藏的 79 本上海通志馆法文旧书的书目信息作了翻译并分类统计，对其中部分图书上的藏书章也作了梳理，为这批图书的渊源和流转情况提供了佐证。

上海社科院历史所张剑撰写的《"乙酉学社丛书"翻译出版与影响：兼论知识人在战时法租界的困窘与出路》一文，通过分析 1945 年初开始运作翻译的"乙酉学社丛书"的情况，展示了战时法租界知识人所面临的困境及其出路。

同样来自该所的段炼以"战时上海的钱币集藏活动：中国泉币学社在法租界"为题，叙述了抗战时期在上海法租界成立的中国泉币学社及其高水准的学术活动，从侧面说明了战争对上海文物集藏活动的推动作用。

五、中法连线：里昂分会场会议录像

以上报告结束之后，上海主分场播放了 5 月 22 日里昂分会场的录像。会议由里昂东亚学院的刘喆、蒋杰主持，首先是里昂东亚学院的王钰花（Fleur

Chabaille）作了"上海法租界与天津法租界的扩张：用连接或比较方法来分析它们的过程及方式（1861—1937）"报告，通过展现这两个类似的、具有代表性的机构的历史，来理解租界扩张现象中所反映出来的空间拓展模式，以及它们的成功经验与遭遇的障碍。

蒋杰所作的"法租界会审公廨、警务处与薛华立路的开发（1900—1939）"报告，以薛华立路的修筑和会审公廨大楼、警务处大楼的建造为主线，重构了该街区的开发史，分析了公董局在这一进程中扮演的角色，并探讨它在法租界和上海城市化过程中发挥的作用。

赵伟清以"政治与民族敏感性：上海法租界的电影审查（1927—1943）"为题，研究了法租界电影审查制度的起源、变迁以及其运作模式和采取的措施，从而探讨了电影审查与电影文化的关系。

巴黎政治学院的徐翀提交了《东南互保还是帝国竞争：庚子事变时期上海法租界的防御，1900—1903》一文，认为东南互保一方面表明了自太平天国以来南方地方实力派的兴起以及国家行政的军事化，但事实的另一面则是各国列强借口"东南互保"屯兵上海，以致各方对上海地区和长江流域控制权的争夺进一步激烈化。

此外，中、法两地学者通过网络通信软件 Skype 展开了热烈的对话交流，双方对以上报告发表了诸多见解，法方还展示了其学习、工作场所的实景。

六、会议总结

双方报告与交流全部结束后，马长林、许洪新、冯绍霆、柯蓉、周武以及马军等从各个方面对本次会议作了总结、评价与展望。本次研讨会在使用新材料、研究新问题、采用新技术等方面均取得了突出的成绩。专家学者与学界新锐都作了精彩的报告，评论人以及与会者踊跃发言。

本次会议作为首次法租界专题讨论会，不仅标志着法租界史与上海城市史研究进入了新的阶段，也展示了一支日渐成熟、能熟练运用法文资料的青年队伍。

（原载马军、蒋杰主编《上海法租界史研究》第一辑，上海社会科学院出版社，2016 年 3 月版）

"纪念中日甲午战争 120 周年"学术讨论会会议总结（2014 年 9 月 17 日）

李志茗

　　这个会议总结本来是没有的，是马军临时起意加上去的。照理说不应该由我来做，因为在座的有德高望重的杨国强老师、张云老师，还有周武、张剑，当然也包括马军这样高水平的学者，以及一大帮后起之秀。再说马军是这次会议的发起者和主办者，他最有资格来做这个总结，但他一定要我来做。我便答应了。原因呢，一是他有三寸不烂之舌，把我说动了；二是办会很辛苦，他有一大堆事情要做，确实很忙；三是我参与会务，这个论文集是我编的，每篇文章都浏览过一遍，对会议内容较熟；四是马军是现代史研究室的，但他长袖善舞，办了一个近代史的会，我作为近代史研究室的一员，有义务为这个会出点力，共襄盛举。

　　会议总结不大好做，往往要由高水平的人来做。我从来没做过会议总结，承蒙马军抬举，第一次来做这个总结，说实在的，没有经验，不知道怎么做。加上我对甲午战争素无研究，最近出了很多关于甲午战争的书，我都没看过，所以心里也没底。还好大家都是自己人，不怕出丑，我就勉为其难，凭我对甲午战争的一知半解来对本次会议做个综述，肯定有不到位或不当、不足之处，敬请大家批评指正。

　　甲午战争是中国近代史上的一个重要事件。陈旭麓先生说："因为它标志着资本帝国主义侵华的新阶段，刺激了中华民族的觉醒，给中国的政治、经济和思想明显地划出了一条战前战后的线。"然而，对于甲午战争的研究，我们似乎做得不够，一方面，专门研究甲午战争的学者屈指可数，当然也因为这个研究的技术含量很高，需要外语、军事、舰船等多学科知识，没有金刚钻揽不了瓷器活；另一方面，在近代史领域，甲午战争似乎受政治的影响最大，中日建交后，很长一段时间两国关系较好，我们只研究自己的问题，不管别人的主义。因此至今甲午战争的研究很薄弱，许多问题搞不清楚。当然，现在有一批研究甲午战争的民间学者很活跃，鉴于以往的研究都是"黑"北洋海军的，他们搜集了不少资料，做了很多工作，极力为北洋海军"漂白"、辩诬，结果矫枉过正，有些研究结论不能让人信服。

　　一甲子，一轮回。今年是甲午战争爆发两甲子，中日两国关系又刚好降到冰点。因此，回顾 120 年前那个影响中国历史走向命运、改变亚洲乃至世界格局的重大事件，具有非常特殊的意义，于是很多军界、政界、学界的人都出来做节目，写文章，出书，颇为热闹。像夏和武所评论的宗泽亚《清日战争》又出了新版本，号称是"中日甲午战争 120 周年纪念版"，炒作意图明显。如今是信息化时代，我们的学术研究与新闻传播学一样，讲究时效性，要抢先一步，赶在别人前面。所以早在 7 月 25 日，就已经掀起了一波甲午战争纪念的高潮，很多纪念会议都开了，媒体也纷纷跟进，大量报道。我们选择今天开会，似乎已经不合时宜了。但我要说的是，其实今天才是甲午战争爆发的正日子。蒋廷黻说："甲午八月十八的海军之战是个划时代的战争，值得我们研究。""甲午八月十八"就是阳历的 9 月 17 日，马军选择今天开会，是本着历史的态度、学术的眼光，很有见地。

　　俗话说早起的鸟儿有虫吃。先前的一波甲午战争纪念高潮已经把该说的都说了，该写的都写了，我们现在再来开会讨论，好像没什么说头，没什么写头。所幸并非如此。我们这次会议共有两个主题发言、10 篇论文，先就题目而言，都很出彩，能够吸引眼球。再就内容而言，我认为像是一部电影的剧情。电影的名字姑且叫《甲午救赎》。杨国强老师的《大视野里的甲午战争》以百年贯通的历史感、缜密的逻辑思辨对这部电影的背景和剧情作了阐述，归纳为一句话，就是近代以来中国的沉沦与救赎，而其他的文章则是一个个小情节，把这个电影呈现出来。电影有两个主角中国和日本，在片中分别名为赵大和王二。剧情是这样的，19 世纪中叶，有两个村，一个欧美村，一个亚洲村。亚洲村里日趋破落的大户赵大及其隔壁邻居王二，先后遭到欧美村的欺负，赵大和王二都分别想办法自救，并各派出一个儿子出村学武艺。赵大家的儿子是纨绔子弟，学了一种叫军舰的兵器并买了一些回来。叶舟的《余思诒及其〈航海琐记〉研究》讲的就是兵器运回赵家的过程。但赵家人傻钱多，买的这个兵器本身有问题，加上赵大家的儿子所学不精，用起来不熟练，不得不请欧美村的几个人做帮手，但他们水平不怎么样。而王二的儿子也学会军舰这种兵器，学得比赵大的儿子好，请的帮手也比赵大家的好。其中一个帮手就是蒋杰的《甲午海战中的法国因素》中所提的贝尔坦，有人也把他叫作白劳易。

赵大和王二长期以来是邻居。王二家里穷，羡慕赵大家，就去赵大家学发家的本领。可他坏，一边学，一边打赵家的主意，但明偷暗抢都无法得手。自从王二的儿子学了武艺后，王二就试着与赵大家闹点别扭，赵大不仅隐忍不发，还送钱求平安。于是王二胆子越来越大，要抢受赵大保护的小美女朝鲜，赵大不让，王二决定动武，偷打一拳得手后，就找机会要跟赵大好好打一架。这天终于来了，就是 9 月 17 日，两家的海归儿子不期而遇，扭打起来了。用欧美村现学来的武艺打架，连欧美村的人也没试过，是头一遭，因此这一架备受村内外关注。结果赵大的这个儿子被打死了，请的洋帮手也死的死，伤的伤。马军的《事迹与文献：参加 1894 年黄海大海战的 8 名外国人》，汇集了中国这几个洋帮手的相关文献及事迹。赵大以前只是被欧美村的人欺负，现在居然被隔壁的小瘪三打死一个儿子不说，还打上门来要了很多钱。赵大家的儿子人高马大，看起来比王二家的儿子强壮多了，怎么就被打死了呢？这件事出乎所有人的意料，欧美村的人免不了要评头论足一番。于是请专家发表看法，马汉是该领域最著名的专家，自然要听听他的高见。张晓东的《马汉对甲午海战的评论》就是来扒一扒马汉的高见。

输给王二那么惨，赵大家也没想到。全家先是震惊，接着是愤怒，怒极而生恨，于是拿护家不力的家丁开刀，杀了几个。其中一个叫卫汝贵的，后来有人认为杀错了。张剑带着《卫汝贵是被冤杀的吗》的疑问去调查，结论是杀得不冤。但当时更多的是七嘴八舌讨论为什么会输的问题，冯志阳的《中国之道的转折点：严复对甲午战争的观察与反思》、江文君的《战争的迷思：中日甲午战争前后的公众舆论和反思认知》两文呈现的就是这个画面，冯志阳是特写，江文君是全景拍摄。赵家的大人都在说被王二打的事，小孩搞不清具体状况，懵懵懂懂，长大后他们回味儿时的这个记忆，并有意去探寻真相，李志茗采访其中的几个，形成《回忆录中的甲午战争》，认为他们的回忆是可靠的，他们的探索确实有发现。被打这件事赵家上下都知道，都觉得是家族的耻辱，写进了家谱，每一代都有人去翻看，痛说家史。比如宗泽亚的《清日战争》认为这场战争，中国不仅输在器物上，还输在体制、观念及人的近代化上。夏和武的《宗泽亚〈清日战争〉平议》对此甚为认同。但周武没有痛说家史，其《甲午三思》别出心裁，以理性、客观的态度分析了甲午战争的影响，尤其从经济的视角切入比较少见，给人以启发。

我们再把镜头切换到王家，打赢赵家之后，王家拿了很多钱，一下子变阔起来，从此尝到了甜头，不断去骚扰赵家，又捞了不少，于是想一口吃掉赵家。没想到这次赵家同仇敌忾，拼命反抗，在自救的同时，也赢得欧美村的同情。终于赵家反败为胜，迫使王二低头认错。但赵家宅心仁厚，只与欧美村的人一起废掉其武功，并将王二家的兵器没收分掉。蒋欣凯的《五十年后的雪耻——1947 年日本军舰上海"投降"记》描述了这个过程，使这部电影有了个较好的结局。当然这只是这个电影故事的结局，之后，赵大和王二的故事继续上演，有拍不完的续集。也许有人会不屑一顾，你这个电影不是也落入中国式电影的俗套吗？从苦情开始，以喜剧收场。确实是这么回事，但与中国式电影不同的是，我们不是虚构的，而是浑然天成，丝丝入扣，并且印证了这样一个颠扑不破的道理："自救者，天助之。"因此，这个报仇雪恨的结局是付出努力的结果，而且也是实际发生的事，并刚好被我们捕捉到。

好了，如果以上所述多少带有娱乐性的成分，那么下面就来点严肃的。我认为这个会议虽然时间短，论文也不多，且多数都有这样那样的毛病，但所涉及的议题至少有以下几个特点：一是长时段，从1892 年余思诒所刊刻的《航海琐记》到2011 年出版的《清日战争》，首尾120 年；二是整体感，单就甲午战争的过程而论，从失败到雪耻，是一个完整的过程，另外杨国强、周武老师的发言是从宏观着眼，也给人以历史的整体感；三是全面，甲午战争包括海战、陆战，海战的论文较多，有马军、蒋杰、张晓东的等，陆战则有张剑的论文；四是国际性，张晓东、蒋杰、蒋欣凯的论文都谈的是国际性问题；五是时代性，所谓"一切历史都是当代史"，周武、冯志阳、江文君等关于甲午反思的文章其实反映的就是现在的我们对甲午战争那段历史的省视和认知，因此不可避免地带有我们这个时代的思想烙印。

最后，我认为我们这次会议是老中青结合的会议，是以老带新的会议，归根结底是年轻人的会议，祝愿年轻人茁壮成长，我们中年人继续进步，老前辈安康幸福。当然也要感谢所领导的大力支持，马军才能够提供这么好的平台，让我们这些人少长咸集，群贤毕至，我也有机会在这里大吹大擂。

"中法友谊之舟"论坛

　　2014年9月25日上午，"中法友谊之舟"论坛在上海社会科学院分部2号楼503会议室举行。这次论坛由本院历史研究所和法国里昂大学东亚学院联合主办，周武研究员主持会议。论坛分为两大部分：其一是安克强（Christian Henriot）教授题为《战争·军舰·木雕：毕果将军的上海故事》的报告，其二是马军研究员

论坛海报

题为《上海和马赛之间——晚清外交官体验的"法邮"远洋轮船》的报告。

在论坛前半场，安克强教授给大家讲述了一个涉及中法友谊的传奇故事，并辅之以生动形象的图片说明。1937 年八一三事变期间，法国远东海军总司令毕果将军（Jules Le Bigot）率领舰队进入黄浦江，旨在保护上海的法租界。其间，他对侵华日军采取了不合作的态度，而且还指挥法军对上海难民和徐家汇地区进行了有效的保护。上海土山湾孤儿院为了表示对毕果将军的感谢，向他赠送了由该院孤儿雕刻的 109 个小木雕。这套木雕生动形象地描绘了晚清上海的民间生活场景，具有极高的艺术价值，至今仍妥善地保存在毕果将军的后人手中，实为中法友谊的真实写照。安克强教授透露说，不久之后将在法国巴黎、里昂公开展出这批木雕，同时还将推出《中国民间生活上海土山孤儿院人物木雕》一书。他还希望该展览以后有机会能移师上海。

会议后半场，马军研究员为大家展示了法国邮船公司的历史概况、晚清时期上海到马赛的航线，以及晚清外交官斌椿、张德彝、曾纪泽、徐建寅、郭嵩焘、薛福成等人乘坐法邮轮船的经历和船只情况。他还通过舟次之苦、海上之殇、舟中膳宿、闲娱之时、各色船客、紧急处置等诸环节，叙述了他们海上生活的种种故事，让在场听众身临其境般体验了一次上海至马赛之旅。

"第一次世界大战·中国·上海"学术讨论会议程

时间:2014 年 12 月 1 日(星期一)

地点:上海市中山西路 1610 号　上海社会科学院上海社科国际创新基地 506 室

8:30　报到(上海市中山西路 1610 号,上海社会科学院上海社科国际创新基地 506 室)

9:00—9:30　开幕式

主持人　叶　斌

致辞　马　军　吴翎君

9:30　与会者合影

9:45—11:45

第一场　欧战背景下的中外关系

主持人　罗苏文　张　宁

周　武　欧战与中国的若干思考

吴翎君　欧战爆发后中美经济交往的关系网

　　　　——兼论"美国亚洲协会"的主张

李培德　商标和广告的解读

　　　　——中国人丹与日本仁丹的竞争

戴海斌　从"北洋外交"研究看近代外交史研究的新取向

　　　　——对近年几部海外著作的评述

徐　翀　上海的一战："尼尔森事件"与帝国进入战争

宋时娟　1914年宋子文《欧洲与中国外交关系》一文译介

评论人　张　剑　江文君

11:45　中午简餐

13:00—15:00

第二场　欧战与中国思潮

主持人　吴翎君　张　力

沈　洋　从"法兰西"到"俄罗斯"

　　　　——一战对新文化派知识分子思想转向的历史考察

冯志阳　《新青年》与一战

袁陈江　孔教会"以教为党"的实践与历史因果

　　　　——以民国初年的孔教入宪之争为视角

张　剑　留美学生对一战的反应

　　　　——《科学》杂志"战争号"分析

李志茗　杜亚泉对一战的观察与思考

陈　同　第一次世界大战背景下的杜亚泉

评论人　沈　洁　叶　斌

15:00—15:30　茶歇

15:30—17:30

第三场　欧战与上海

主持人　陈祖恩　李培德

侯庆斌　一战期间上海法租界会审公廨的司法实践

　　　　——以1917年对德国侨民的处置为中心

马　军　公理战胜强权乎？

　　　　——1918年11月上海各界庆祝欧战胜利活动概述

蒋　杰　一战与上海白俄难民问题的兴起与处置
　　　　——以法租界为中心（1922—1932）
徐锋华　一战后上海棉纺织业的发展与困顿
江文君　一战前后的上海与中共诞生的经济与社会基础
段　炼　第一次世界大战与中共建党
评论人　施扣柱　蒋宝麟
17:30—18:00　学术总结　周　武　李志茗　张　剑　马　军　戴海斌
注意事项：每位报告人 15 分钟，评论人 10 分钟（各评论三个人），多余时间供提问、讨论。

会议海报

"民国政要与第二次世界大战"学术研讨会综述

梁 艳

2015 年 4 月 5 日至 6 日,"民国政要与第二次世界大战"学术研讨会在上海社会科学院分部举行。此次会议由上海社会科学院历史研究所现代史研究室、"中国现代史"创新团队主办,来自海峡两岸暨香港的 50 余名专家学者参加了研讨。开幕式由上海社会科学院历史研究所蒋宝麟助理研究员主持,上海社会科学院历史所副所长王健研究员和现代史研究室主任、"中国现代史"创新型学科团队首席专家马军研究员分别致欢迎辞。随后,与会学者围绕抗战前夕的中国政局、抗日战争与蒋介石、二战时期的中国外交,以及民国政要与二战进程等方面进行研讨,现撷其要以述之。

一、抗战前夕的中国政局

从济南惨案到卢沟桥事变,日本的不断侵略,使中华民族也逐渐走向生死存亡的"最后关头"。在这段时间,蒋介石的宗教信仰以及心理状况是两个非常值得注意的问题。上海大学杨卫华副教授的《蒋介石基督徒身份的建构与民国基督徒的政治认同》,指出蒋介石受洗后频繁利用基督徒身份将中外信徒纳入其政治轨道,为构建党派和国家认同及打开英美外交服务;基督徒则将其作为一种彰显基督教吸引力的资源,根据抗战不同时期蒋介石形象的变化,通过建构蒋介石不同的信仰形象来为不同的政治认同铺路。

关于抗战前蒋介石的心理状况,南京大学李玉教授的《蒋介石在日记中对日"雪耻"》利用未刊的《蒋介石日记》以及《事略稿本》，通过梳理济南惨案前后蒋介石对日心理变化，分析了蒋介石在日记中所记对日"雪耻"的原因与方法，指出蒋介石在抗日方面思想远大于行动的事实，这也是他遭受后人批评的原因之一。

抗战爆发前国民政府和蒋介石的抗战准备是学界广为关注，也是颇有争议的一个议题。苏州科技学院赵伟博士的《论蒋介石对抗战的经济准备意识》介绍了蒋介石对抗战的经济准备意识所经历的萌发、形成、强化三阶段，认为其对待抗战的经济准备意识在一定程度上的及时性和正确性是中国抗战能够抵抗第一阶段日军侵略攻势的重要原因。而浙江大学博士生钟健的《"运筹帷幄"之限界：蒋介石与抗战准备》认为，蒋介石与冯玉祥、阎锡山、李宗仁等地方实力派始终缺乏互信，在许多问题上未能达成共识，最终兵戎相向。他指出，在深重的外患压迫下，蒋介石推行国家统一的可行性以及这一行为对抗战准备的影响，值得深思。

其实，从某种程度上来说，蒋介石的敌人不只是日本人，也来自国民党内部。南开大学贺江枫博士的《蒋介石、黄郛与 1933 年北平市公安局易长风潮研究》一文，通过对 1933 年易长风潮的剖析，揭示了国民政府在推行华北中央化的过程中所面临的困难与挫折，揭示了日本方面的因素在影响和改变国民政府政治生态中所发挥的不可忽视的作用。

当卢沟桥事变发生，中国真的走到了关乎国家存亡的"最后关头"。南京大学张生教授的《卢沟桥事变时蒋介石的心态和应对》以《蒋介石日记》以及众多中外史料为基础，重现了卢沟桥事变时蒋介石的判断与决心，探讨了他对日的"交战而不宣战"的策略性考虑，指出蒋介石作为主政者良好的身心状况有助于其在关键时刻做出正确的判断与决策，这对于民族国家的前途有着重大的关系。

二、抗日战争与蒋介石

中国全面抗战开始之际，作为一个国家的最高领导人，首次战争演讲有着极其重要的意义。上海社会科学院马军研究员的《蒋介石、斯大林、罗斯福首次战争演讲之对比》将蒋介石、斯大林、罗斯福三位的首次战争演讲进行文本对比，以一个更宽广的视角分析和理解其中的要义。该文将上述三次演讲比作该国的宣战文书，可谓无名而有实，丰富了学界对二战史的认知。

武汉会战是抗日战争中的重大会战之一，台湾中正大学杨维真教授的《蒋介石与武汉会战》从部署武汉会战、坚拒与日本谋和、误判广东敌情、实施"焦土"抗战等方面，论述了武汉会战中蒋介石对整体战局的布置与规划，指出"焦土"抗战是中国实施持久消耗战的利器，然而其既能伤敌亦能自伤，对之后的战事造成不小影响。

随着美国参战所带来的国际形势的演变，蒋介石开始考虑国家建设问题。《近代史研究》编辑部潘晓霞博士的《抗战主题下的建国努力：1942年蒋介石西北之行》从西北建设的角度，考察1942年蒋介石的西北之行及其影响，更客观与全面地揭示了他此次西北之行的意义。另外，关于蒋介石的"抗战建国"思想，上海社科院李志茗研究员的《从〈中国之命运〉看蒋介石的现代化理念》从文本出发进而释读《中国之命运》所反映的蒋介石"五位一体"的"现代化"建国理念。

蒋介石和毛泽东都预测到了抗战胜利的结果，但对抗战胜利时间的预料却不同。台湾政治大学刘维开教授的《抗战胜利时刻的蒋介石》以蒋介石1945年8月10日至15日的日记为资料来源，辅以其他相关文献，从初闻胜利、规划受降、中苏谈判、部署接收、胜利善后等方面，探讨了蒋氏在抗战胜利时刻的作为，以及他对胜利后局势的规划。浙江大学的陈红民教授也关注抗战前后蒋介石的战略谋划，并将同时期的蒋介石与毛泽东进行比较。他在《政治判断与抉择：毛泽东蒋介石在抗战胜利前后》中以《蒋介石日记》与《毛泽东年谱》为基础，比较了1945年7月至10月这段时间，毛泽东与蒋介石对同一事件的反应，包括抗战胜利何时到来、胜利的那一刻两人的所思所想以及所采取的行动这三个方面，并进一步分析其中的原因与影响。

三、二战时期的中国外交

二战时期，中国与德国、英国、美国、法国各呈现不同的外交态势，并且随着利益、实力等因素的变化而不断变化。关于中国与德国的关系，台湾政治大学周惠民教授的《法肯豪森与蒋介石》一文，查阅了大量的德文史料，系统介绍了蒋介石执政时期的德国驻华军事顾问法肯豪森的生平、在中国的工作，以及其最后离华返德的情况。

虽然战时中英两国为盟国，但是在亚洲利益纠纷众多。因此，中英关系相对来说更为复杂。台湾东华大学陈进金副教授的《"斗争外交"：蒋介石与抗战时期的中英关系》以抗日战争时期中英关系中的重大事件，如蒋介石访问印度、中英平等新约的签订，以及《中国之命运》的出版等为观察重点，探讨了在中英重大事件的争议中，蒋介石通过"斗争外交"的方式，达到其废除不平等条约与宣示国家领土完整等目标。

浙江大学肖如平副教授的《错失的友谊：太平洋战争爆发后的中英关系》利用中英档案资料，对英国邀请宋美龄访英的过程与决策进行考察，深入探讨了战时中英两国在谋求友谊与合作方面的状况，指出相较于英国，中国外交决策机制存在明显的不足；同时揭示了宋美龄取消访英不仅使中英错失了一个改善关系的良机，而且为之后的中英关系恶化埋下了种子。

关于中美关系，1943—1944 年是战时中美关系由蜜月走向危机的重要转折时期。但是在此期间，重庆却盛传着有关中国元首蒋介石的"超级绯闻"。复旦大学陈雁教授的《外交与绯闻：1943—1944 年间的中美冲突》利用《蒋介石日记》以及其他相关人员的日记与档案等文献，梳理这些"绯闻"的传播、有关方面的应对和与"绯闻"相关的其他外交事件的进退过程，借鉴性别研究中"霸权性男性特质"理论，分析了纠结在战时国际关系、外交实践中的社会性别因素，颇具新意。

"朋友的朋友不一定是我的朋友"，二战时期，多国之间的外交关系似乎也诠释着这样一个事实。宁波工程学院张天政教授的《从王宠惠到蒋介石——以战时对英、法扣留我外运易货的交涉为中心》通过对 1940 年前后中国政府各部门就我国与英、法、美等国的经济方面交涉的介绍，从经济层面揭示了 1940 年前后错综复杂国际关系的多个面相。

另外，来自台北"国史馆"的纂修吴淑凤教授在《抗战时期蒋介石的"译员"认知及培育》从战时译员的来源、工作内容、政府施以的训练规划与要求，以及蒋介石的期许等方面展开论述，指出他们在确保盟军助战功效，达成抗战胜利使命及其在中国国际化过程中所起的重要桥梁作用。

四、抗战时期的民国政要

　　蒋介石的亲友与部属在抗战中各显身手，对抗战发挥了很大的作用。蒋介石的连襟孔祥熙是这次会议讨论的一个热门人物。香港中文大学郑会欣教授的《抗战时期大后方的倒孔运动》通过分析抗战时期大后方的"倒孔运动"，尤其是西南联大的"倒孔运动"，以及最终孔祥熙被迫退下政坛的结局，指出蒋介石只是撤去孔祥熙的职务而未对其加以任何惩处，原因是当时党国存亡与家族利益已经完全结合；强调了正是因为蒋介石无法真正惩治腐败，导致抗战胜利后贪污腐败形成系统化、体制性的普遍现象，同时它也成为国民党最终失去大陆政权的一个重要原因。上海社科院何方昱副研究员的《学潮爆发与治理困局》一文，探讨了1942年浙大学生游行集会"倒孔运动"的来龙去脉，以及蒋介石对此采取的应对措施，指出战时浙大学潮的爆发及其结果，不仅昭示了国民党组织形态在民国末年的混乱与无序，同时也成为政府与大学关系日趋恶化的先例。南京师范大学齐春风教授的《孔祥熙与战时财政》结合战时中国国情，分析了孔祥熙的财政政策，认为他可谓是当时中国的一个财政专家，其在反通货膨胀这方面取得了一定的成就，指出了民国人物面孔的多面性，既有为中国财政的改善而鞠躬尽瘁的一面，更有贪腐的一面。

　　上海社科院段炼副研究员在《宋庆龄与世界反法西斯运动》一文中，通过对抗战中宋庆龄行为的分析，指出她是一位伟大的国际主义战士，在中外交往中起着不可替代的作用。

　　嘉兴学院陈涛博士的《试论陈诚与国民政府之抗战宣传》一文，运用传播学相关理论，以武汉会战前后陈诚对《申报》传媒的运用为考察中心，梳理了国民政府的抗战宣传战略，从一个截面探讨了国民政府抗战宣传的效能，以及国民政府在抗战战略防御阶段积极实施"抗战建国"的决心。

五、大时代中的其他面相

　　抗日战争时期，我们更应该看到共产党的重大作用。江苏科技大学孙云副教授的《抗日战争时期陕甘宁边区劳模表彰运动的开展及其历史影响》通过对抗战时期劳模表彰运动代表人物和延安劳模表彰模式的建立、推广以及影响的介绍与分析，指出延安时期的劳模表彰运动是整风运动和大生产运动所诞生的一次伟大创举，对后来的中国革命和建设事业起到了巨大的推动作用。

抗战的胜利也不能忽视中国民营资本家的作用。宁波帮商人曾是中国民营资本家中重要的一支，来自宁波大红鹰学院的夏柯副教授在《宁波帮商人与抗战时期经济建设》一文中，论述了宁波帮商人在抗战时期经济建设方面所做的贡献。

在研究某个历史人物时，注意时人对其的评价，往往更容易揭开这个人物的神秘面纱。上海社科院历史所蒋宝麟博士的《强人与弱党：王子壮、陈克文对蒋介石的即时观察》梳理了《王子壮日记》和《陈克文日记》中关于蒋介石的记述与评论，展现了二者眼中的蒋介石个人形象及其对"党国"体制的影响，指出蒋介石有着强人的政治作风，但是对于作为执政党的国民党，蒋介石漠视其在政治上的作用，导致了党的执政能力薄弱。

第二次世界大战胜利前后，"四强"以及中国能否列入强国是时人广为关注的一个话题。台北"中研院"的林美莉副研究员在其《关于中国列名四强的时人论断》中，从战时国人的四强情结、平等新约与军政联盟、四国宣言与盟国负担三个方面探讨了中国列名四强的时人论断与影响，指出美国在中国拥有和失去四强地位中所起的至关重要的作用。

二战结束，对东亚战场最大受害国中国而言，由国民政府主导的对日本乙丙级战犯的审判，其意义不亚于远东国际军事法庭的审判。南京师范大学严海建副教授的《战后国民政府惩处日本战犯的若干特质与面相》一文，将罪行调查、战犯检举、战犯的逮捕和引渡、战犯审判、判决执行等战犯惩处环节视为一个有机联系且互相影响的整体加以考察，指出国民政府对日本战犯审判的宽纵态度，与日本政府侵华的特殊性及国民政府本身的能力限制关系密切。

另外，中国药科大学周雷鸣副教授的报告是关于民国时期留学史料整理的概况。宁波大学王瑞成教授介绍了日本侵台事件与李鸿章和淮军的转型问题。

纵观本次学术讨论会，既有耆宿名家的宏论，亦有后生新锐的真知灼见，涉

及问题繁多，讨论热烈。当然，本次会议也有不足之处，即在提交的论文中，有关国民党政要比较多，而共产党政要的则比较少。但是总体来说，本次学术会议还是具有宽广的视野和新颖的角度，很好地反映出了研究的新进展。

（原载《民国研究》2015 年第 2 期）

历史所举办"苏联卫国战争与中国"学术研讨会

梁 艳

为了纪念世界反法西斯战争暨中国人民抗日战争胜利 70 周年，2015 年 5 月
9 日，"苏联卫国战争与中国"学术研讨会在上海社会科学院分部 2 号楼 506 会
议室举行。此次会议由上海社科院历史所主办，上海市世界史学会协办，上海社

会议海报

科院历史所现代史研究室、"中国现代史"创新型学科团队具体承办。来自俄罗斯，以及中国北京、河北、辽宁、甘肃、江苏、上海等地 30 余名专家学者参加了研讨。开幕式由历史所副所长王健研究员主持，社科院党委书记于信汇教授和上海市世界史学会会长潘光教授分别致辞。

于书记指出，"苏联卫国战争与中国"既是一个学术问题的探讨，也是一个现实问题的考量。我们应坚决反对任何否认、歪曲二战史的行径，为世界的和平与正义做出史学界应有的贡献。潘教授表示，世界史与中国史是不可分割的整体，将两者更紧密的结合，能更好地促进史学发展。另外，历史所褚晓琦副研究员代表苏联元帅瓦西里·崔可夫之孙尼古拉·崔可夫院士，用俄、中两种语言朗读了他给本次会议发来的书面致辞。崔可夫院士赞扬了本次会议举办的历史与现实意义，并祝愿中俄友谊更加坚固。

之后，上海社科院历史所现代史研究室主任、"中国现代史"创新型学科团队首席专家马军研究员作了题为"苏联卫国战争的中国意义"的主题报告。其大旨是：苏联卫国战争是中国抗日战争的战略后盾，直接援助了中国抗战，为中国革命的胜利提供了重要条件，向中国人民输送了宝贵的精神财富。

学术报告第一场是"大战前夜"。上海师范大学苏智良教授介绍了左尔格小组在 1930—1932 年的秘密使命，指出该小组搜集了大量日本准备侵略远东的情报，为苏联的对日政策提供了重要依据；左尔格的工作得到中共的支援，同时他也为中共提供了许多有价值的情报。来自俄罗斯科学院远东研究所的首席研究员罗曼诺夫（Alexander Lomanov）在《中国抗战形象在战前苏联（1937—1941）》一文里，通过分析 1937—1941 年在苏联出版或者流传的有关中国的抗战书籍，指出在战前苏联人眼里的中国抗战形象是坚定、英勇、不怕牺牲的，这对战前苏联人英勇备战起了积极的心理作用。北京师范大学的张建华教授则报告了《塑造苏联形象：苏联志愿航空队援华与国统区的"苏联形象"》一文。平凉市委党校的张犇介绍了苏联空军援华事略。

报告第二场是"并肩作战"。解放军南京政治学院的张云教授与上海东华大学的廖大伟教授从不同角度介绍了苏联反法西斯战争与中国抗战的相互关系。上海政法学院倪乐雄教授的《中国抗战对莫斯科会战的影响》一文，具体论证了中国战场对苏联取得莫斯科会战的胜利起到了重大、不可替代的作用。武警总队历史研究中心的华强强调了中国抗日战争对东亚和平与稳定做出了重大贡献。

报告第三场是"进军东北"。华东师范大学余伟民教授报告了"1945 年 8 月苏联出兵远东对战后世界格局的影响"。河北师范大学戴建兵教授总结了从东北苏联红军票到中央银行越南流通券的历史教训。辽宁大学董昕副教授的报告涉及的是战后初期的东北流通券问题。上海社科院的张晓东则介绍了苏联海军元帅戈尔什科夫的国家海上威力论与第二次世界大战的关系。

在最后的圆桌会议环节，两位来自俄罗斯的专家学者罗曼诺夫和白若思（Rostislav Berezkin，现为复旦大学文史研究院副教授）分别发言。前者介绍了最近俄罗斯关于卫国战争研究的一些新观点；后者出生于列宁格勒（今圣彼得堡），结合其祖父辈在战场上抗击德军的经历，讲述了这场战争对苏联普通家庭的影响。

（原载历史所网站）

"姜沛南研究员学术资料捐助仪式暨纪念五卅运动90周年"座谈会召开

梁 艳

2015年5月29日，由上海社会科学院历史研究所主办，现代史研究室、"中国现代史"学科型创新团队承办的"姜沛南研究员学术资料捐助仪式暨纪念五卅运动90周年"座谈会在历史所大会议室召开。

上午的捐赠仪式由历史所副所长王健主持，姜沛南研究员之女、华东师范大学历史系教授姜进发言并捐赠了18箱书籍和文稿，王健则向姜进颁发捐赠证书。之后，郑庆声、陈卫民、王仰清、张培德、周武等历史所同人分别发言，回忆了姜沛南研究员的生平和研究经历。

纪念五卅运动90周年座谈会由现代史室副主任江文君主持。蒋宝麟根据上海大学基本档案史料，指出"上海大学与五卅运动"这一论题有很

姜沛南（1919—2012年）

大的研究空间。段炼介绍了上海历史博物馆馆藏的关于五卅运动的文物，着重分析与考证了两块残碑。老同志张铨、张培德报告了他们当年参加五卅运动资料整理工作的情况，认为历史所整理五卅运动的成果促进了全国其他地区对本地五卅运动的资料整理工作。马军报告了"历史所与五卅运动研究"，重点介绍了《五

卅运动史料》三卷本的选材、编辑和出版过程。

马军在总结时指出，中国之所以能够获得大国地位，不仅与中国抗日战争的胜利有关，早先的五卅运动也起到了铺垫作用。五卅时期鲜明地提出了反对帝国主义、废除不平等条约的口号。

（原载历史所网站）

中国科学社成立100年：赛先生在中国过得好吗

林 夏 张 健

　　1914年6月10日，留学美国康奈尔大学的任鸿隽、杨铨、秉志、赵元任、胡明复等九人，发起并成立了以创刊发行《科学》为目标的科学社。1915年10月25日，科学社改组为学术性社团——中国科学社，迄今已有100年。

　　10月25日，上海社会科学院历史研究所、上海科学技术出版社共同举办"赛先生在中国——中国科学社成立百年纪念"暨国际学术研讨会，来自中国、

会议海报

美国、捷克的 30 余位作者与会发言，向听众介绍了近代中国的科学探索，共同探讨和反思了现代科学在中国的曲折历程。

先于《青年杂志》,《科学》把"科学"带入中国

一般认为，在中国近代史上占据重要地位的新文化运动始于 1915 年 9 月，其标志是陈独秀在上海创刊《青年杂志》。事实上，在 1915 年 1 月，科学社的《科学》杂志就已经在上海发刊，比《青年杂志》早了八个月。而且，《科学》杂志"发刊词"率先发出对"科学""民主"的吁求，并从"科学之有造于物质""科学之有造于人生""科学之有造于智识"和科学有助于提高道德水准等方面论述了科学的社会功能。因此，樊洪业先生说，将"民主"与"科学"作为改造中国社会的两大武器，其思想源头是《科学》，而非后起的《青年杂志》。

中国科学社是近代中国延续时间最长、规模最大、影响最广泛和深远的综合性学术团体，它对中国现代科学事业的积极作用绝不仅仅体现于《科学》杂志，也不止于口头和纸面上的宣传倡导。

中国科学院大学人文学院副教授熊卫民在发言中指出："直到 1960 年 5 月 5 日在上海宣告结束，在存续近半个世纪的时间里，中国科学社践行'科学救国'的理念，参与了中国近代科学技术体系的发生发展，积极介入'科学建国'方略的讨论与具体事务中，促成了国家科学战略的初现，极大地影响了中国近代社会历史的进程。"

科学社开启中国科学之路

具体地说，中国科学社开启了西方近代科学在中国的本土化之路。

一般而言，西方科学研究机构一般由政府、工厂、私人、学校和学会这五类主体创办，但 20 世纪初的中国显然不具备这样的社会环境。1918 年中国科学社搬迁回国后，科学社的主要成员之一杨铨即指出，中国正处于军阀混战时期，政府设立研究机构不可能，工厂由于自身发展也缺乏设立研究机关的动力，私人更是没有传统，因而他为当时中国科学研究指出一条道路：大学和各科学社团联合起来组建研究所。1922 年 8 月 18 日，利用东南大学与中国科学社的人力资源，中国

科学社在南京成立了生物研究所，这是国内由民间社团创建的第一个研究机构。

中国科学社生物研究所聚集和培养了大量的科研人才，该所导师先后有中国生物学的奠基人秉志、钱崇澍、陈桢、陈焕镛等，培养的学生有王家楫、郑集、方文培、张春霖、张宗汉、沈万均、卢于道、孙雄才等，他们中有多人当选1948年首届中央研究院院士，更有许多人当选为中国科学院学部委员。

中国科学社主办的杂志《科学》是当时中国影响最大的科学期刊，李约瑟说它可与英国的《自然》、美国的《科学》相媲美。《科学》也聚集了一大批科研人才，1930年以前，《科学》作者群中有28人当选为1948年首届中央研究院院士。

除了生物研究所这样的民间社团之外，中国科学社与中央研究院的创建与发展也有极大关系。熊教授介绍说，"中央研究院是以蔡元培在德国、法国所见政府支持科学研究模式建立起来的，但各研究所的成立及其发展不能不受到筹备委员及其具体主事者的影响，而中央研究院筹备委员中除少数几个人外，都是中国科学社成员"。中央研究院早期的主要领导人，如总干事杨铨、气象所所长竺可桢、地质所所长李四光、物理所所长丁西林、工程所所长周仁、动植物所所长王家楫等都是中国科学社的主要领导人。

中央研究院部分早期领导人：竺可桢、李四光、丁西林、周仁（从左至右）

除科研机构体制化的垂范作用外，中国科学社在民国学术团体的创建发展、学术交流体系的形成、学术评议与奖励方面也居于领先地位。

在中国科学社的影响下，留美学界于1918年创建了中国工程学会。中国科学社回国后，受其影响，一些专门学术团体相继成立，比如，中国地质学会（1922年）、中国天文学会（1922年）、中国气象学会（1924年）、中国生理学会

（1926 年）、中国物理学会（1932 年）、中国化学会（1932 年）、中国植物学会（1933 年）、中国动物学会（1934 年）、中国地理学会（1934 年）以及中国数学会（1935 年）。这些学会大致遵循着与中国科学社相同的组织形式。

赛先生在中国：1949 年前后中国科学事业的得与失

中国科学社的实践是近代中国科学事业上的进步之举，然而将其置于 20 世纪的时代背景下，中国近代科学事业仍可谓是历经波折。

回顾 1949 年以前中国科学事业的发展历程，熊教授说，民国时期由于科研经费少、科研人员少、科研设施差、科研环境差、科研体量小，取得的成就比较有限，主要体现在三个方面。

首先是基本资料的收集，如动植物标本的采集、地区动植物志的编撰、地质图的测绘，以及地震、水文气象资料的收集、土壤资源的调查等。其次是利用科学方法研究中国的原料和生产，解决遇到的具体问题，促进工农业和国防的发展，比如矿产勘探、不同品味矿物冶炼技术研究、生产线研究、生产技术的改良等，这方面孙健初对玉门油田的勘察、邓叔群对棉籽消毒法的研究算是代表。最后是基础研究，比如裴文中、贾兰坡对北京人头盖骨、用火痕迹的发现，吴宪关于蛋白质变性理论的研究等。

1949 年鼎革之后，虽然胡适、梅贻琦、傅斯年、林可胜、吴宪等中国文化教育领域的知名人物离开了大陆，但仍有很多教授、科学家留下了，而且随后的几年中，不少海外留学人员回到祖国。以这些人才为基础，在苏联的帮助下，新中国发挥自己强大的动员、组织能力，迅速设计了新的科学发展道路，组建了新的科研、教育机构，改造、培养了不少人才，并对科学技术研究投入了相当多的经费，使得中国的科学技术在短时间内就从整体上得到较大的提升，为国防、工业、农业做出了重大贡献。

举例来说，1949 年以前，全国地质工作人员不到 200 人，到了 1955 年，从事地质勘查事业的职工就发展到 17 万人，其中高等学校毕业的地质工作者达到 6000 多人。地质部、冶金部、煤炭部、化工部、铁道部、交通部、石油部、水利部、农业部等多个机构组织了自己的自然资源考察队伍。即使是"文革"时期，每年仍有考察队员在野外进行各种考察。这样大规模的考察，投入自然也不少，"以1959年为例，中科院当年有近2500人参加工作，考察经费达600万元"。

投入巨大，成绩也颇为丰硕。这时期考察队发现了克拉玛依油田、大庆油田、胜利油田，国家石油需求于是得以自给；而蒲魁堂、金银寨等地铀矿的发现，则为原子弹研究和原子能开发准备了材料；另外，煤、铁、锰、铜、钨、铅、锌、稀土等矿产资源也相继发现，并得到开发。而国防军工方面的成就，"两弹一星"就是代表。

从"科技大跃进"到"科教兴国战略"

虽然新中国集中力量办大事，在科学事业上取得了不少成绩，但同时也存在一些问题。在这次研讨会上，谈及对近现代中国科学事业的反思，1950年代相继展开的政治运动成为学者关注的焦点。

1950年代开始的思想改造等政治运动使一些科学工作者受到冲击；而确立了党对科学技术的绝对领导之后，一些罔顾科学规律的"科技大跃进"也造成了某些破坏和浪费。

中国科学院大学人文学院教授王扬宗的发言报告围绕思想改造运动中科学家的自我批判展开，对此，他也表达了相似的观点。

王教授分析了周培源、童第周、茅以升、钱伟长等人的自我检讨和批判，他认为，思想改造运动在批判崇美、亲美、恐美等洋奴思想的同时，也就批判了欧洲的科学体制，甚至不承认欧美科学的先进，特别是苏联科学界对某些科学理论的批判被引入之后，开启了中国对自然科学理论的粗暴批判。

1950年代国家提出"向科学进军"，1970年代提出"科学技术是生产力"，1990年代提出"科教兴国战略"，从一个侧面展现出现代科学在20世纪下半叶中国的面貌。如何让中国现代科学茁壮成长，或许是中国科学社成立100周年、中国科技体制改革30周年后的今天，中国学界仍需要思考的问题。

（原载澎湃新闻，2015年10月26日）

延续与创新：法文史料视阈下的上海法租界研究

——"法租界与上海城市变迁"国际学术研讨会综述

李玉铭

　　自 20 世纪 80 年代中国近代城市研究兴起后，上海城市史便成为史学界一个经久不衰的学术热点。但纵观这几十年的研究成果不难发现，就上海史

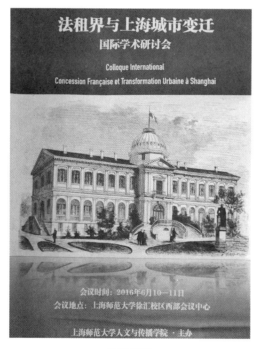

会议海报

而言，关于租界的研究，由于语言、史料等原因，一直是块短板。为延续与繁荣上海史研究，并希望在法租界史研究领域有所突破，2016 年 6 月 10 日至 11 日，上海师范大学举办了"法租界与上海城市变迁"国际学术研讨会。此次会议由上海师范大学人文与传播学院主办，上海社会科学院"中国现代史"创新型学科团队协办，来自中国北京、上海、香港、台湾，以及来自法国里昂的 40 余名学者参加了此次会议。会议共收到论文 19 篇，一批熟练掌握法语又具有良好研究基础的年轻学者聚集一堂，就相关议题进行了交流与探讨。

上海历史学会副会长、上海师范大学人文与传播学院苏智良教授主持会议开幕式，上海社会科学院历史研究所王健所长、复旦大学周振鹤教授就法租界史和中法文化交流史的研究作了精彩报告。苏智良教授指出，法租界是上海城市的独特区域，由于特殊的政治地位和独特的管理文化，这一区域在上海史乃至中国近代历史上占据重要地位。但由于缺乏能够阅读法文资料的史学人才，学界过往对于这一区域的研究有所不足。现在随着大量具有留法背景的青年学人回归，上海法租界史的研究将进入一个崭新的阶段。周振鹤教授亦指出，在一战前世界的通用语言是法语，凡尔赛会议则英语、法语并用，其后英语即成了世界通用语言之一，到了二战后，英语则一统天下。以前学者懂英语的多，懂法语的少，导致很多法语文献没有被研究者所使用，因而存在研究空白、研究短板。王健所长认为，公共租界和法租界都是近代上海一个独特的"存在"，但二者之间也有区别。从管理上说，公共租界重市场，法租界重政府。公共租界是商人自治的，主张自由市民，政府、领事的管理有限；而法租界则完全不一样，法租界控制在领事的手里，这可以说是雅各宾管理模式在中国的延续。从城市风貌上来说，公共租界重商业，法租界重宜居。法租界由政府管理，规划先行，在街区设计等方面花了很多功夫，所以法租界是有钱人最想居住的区域。从文化上来说，公共租界重世俗；法租界重宗教，更有文化气息。另外，因为租界对革命存在管理的缝隙，所以租界对中国近代革命来说意义也不一般。但是，这一点在公共租界与法租界表现也不完全一样，因而值得深入进行研究。与会学人围绕以下议题，展开了积极而丰富的有建设性的研讨。

一、相关史料的运用与扩展

在上海史研究当中，法租界之所以是一个短板，最根本的原因就是研究者未能充分利用法文档案及史料。近几年随着一批长期留学法国，并专注于上海法租界史的青年学者的回归，这一现象将会彻底改变。本次会议的参加者便有多位已留法回国以及即将留法归国的青年才俊，他们充分发挥语言优势，并在各自研究中很好地利用了从巴黎警察档案馆、法国国防部档案馆、法国外交部档案馆巴黎分馆、法国外交部南特外交档案中心、法国海军部档案馆、英国国家档案馆、上海档案馆以及《法文上海日报》等挖掘出来的相关法文档案与史料，从不同层面、不同角度对上海法租界研究的相关议题进行了诠释与解读。

法国里昂高等师范大学柯蓉教授的《日本占领上海时期的法国警察：服从、抵抗与合作（1937—1946）》一文充分利用巴黎警察档案馆档案、法国国防部档案馆所藏相关档案以及饶伯泽的个人回忆录《三不管》，对日本占领上海时期的法国警察，从服从、抵抗与合作三个方面进行了解析。上海师范大学蒋杰的《"自由法国"运动在上海（1940—1942）》一文，利用法国外交档案馆巴黎分馆、法国外交部南特外交档案中心、上海市档案馆所藏法文档案，对"自由法国"运动在上海从兴起到沉寂的历史过程进行了重构。上海社会科学院牟振宇在《近代上海法租界的奠基人——爱棠》一文中，通过挖掘法国外交部档案馆所藏领事档案，其中包括爱棠呈报外交部的职位申请函、请假函、述职函、与他人的通信以及他人关于爱棠的推荐信等 80 余页史料，首次提出了爱棠为近代上海法租界的奠基人这一新的论断。法国巴黎政治学院徐翀在《战斗中的帝国：太平天国战争与上海法租界市政的形成（1853—1862）》一文中，通过挖掘法国外交档案馆巴黎分馆、法国外交部南特外交档案中心、英国国家档案馆所藏相关档案，对太平天国战争与上海法租界市政的形成进行了独特的剖析。中国人民大学朱晓明在《20 世纪二三十年代上海法租界巡捕房与中国共产党——以法国外交档案和上海法租界巡捕房档案为视角》一文中，则利用了法国外交档案馆巴黎分馆、上海市档案馆所藏法文档案，对 20 世纪二三十年代上海法租界巡捕房与中国共产党的关系进行了全新的解读。北京师范大学江天岳的《法国海军与上海小刀会

起义的失败》一文，利用了一批在法国国防部档案馆所发现的法国海军档案，重新解读了法国海军与小刀会事件的关系。法国里昂高等师范大学侯庆斌在《晚清上海法租界城市治理中的法律移植与司法实践——以违警罪为中心的考察》一文中，通过法国外交部南特外交档案中心、上海市档案馆法文档案，关于晚清上海法租界城市治理中的法律移植与司法实践这一议题，以违警罪为中心进行了考察。因此，不难看出，对法文档案与史料的运用与解读将不再是研究上海法租界的障碍与瓶颈。

台北"国史馆"吴淑凤在《介绍国史馆藏有关上海法租界的档案》一文中，将所有藏于"国史馆"的上海法租界档案进行了分类介绍，其典藏的法租界档案主要集中于20世纪30至40年代，该文根据检索所得以案卷内容发生的年代分为抗战爆发前、抗战初期和抗战中后期三个阶段，并分别就这三个阶段将《外交部档案》《国民政府档案》《蒋中正总统文物》《阎锡山档案》《司法院档案》《汪兆铭史料》《戴笠史料》中有关法租界的相关史料进行了细致的划分，并列出了相关卷宗名称以及典藏号。其中较为特别的是《汪兆铭史料》和《戴笠史料》两个全宗，前者含有收回法租界的内容，后者则包含军统局在上海租界活动的相关记载，从而为挖掘"国史馆"藏上海法租界的档案提供了详细的指南。

二、法租界的建立与市政建设

上海法租界的建立与市政建设是本次研讨会的探讨热点。上海师范大学周育民在《上海法租界的开辟及其英美租界合并的流产》一文中，通过梳理法租界建立的前后过程，认为法租界的开辟，进一步推动了美国对于英租界独占性质的挑战。他并通过分析英美租界合并的过程以及工部局与公董局的最终形成，认为这种由领事主导，通过租地人会议（1869年以后改为纳税外人会）产生市政机构的上海租界治理结构，被当时的西方人士引以为豪，并以此作为西方在远东租界的模范。牟振宇在《近代上海法租界的奠基人——爱棠》一文中根据法国外交部档案馆关于爱棠的法文档案，较为完整地复原了爱棠的曲折人生经历，并客观地评价了他的历史地位与社会贡献。该文借用新材料纠正了传统所认为的爱棠原是一个洋行职员的错误观点，提出他才是法租界真正的奠基人。首先，爱棠促成了法租界的第一次扩界，将法租界临近黄浦江的边界延伸了 650 多米，租界面积扩大到 59 公顷。其次，他创建了法租界的公董局。公董局的成立意味着法租界有了独立的行政机构，有利于法租界内各项市政工程的开展和实施。最后，战争期间为保护侨民，爱棠还成立了巡捕房，组织建立了义勇队。

徐翀在《战斗中的帝国：太平天国战争与上海法租界市政的形成（1853—1862）》一文中认为，长期以来，无论在西方学界还是在中国学界，"帝国主义"都是解释现代中国形成的关键词。"帝国主义"的出现，不仅直接导致了传统中华帝国国家体制的瓦解，而且也是中国现代民族主义的源头，但更重要的是，帝国主义国家实现在华扩张的控制系统，在形塑现代中国国家体制的过程中扮演了关键角色。"新帝国史"路径在中国研究中的运用，或许可以揭示中国近现代史的另外一个面相。从这个研究角度出发，就太平天国战争与上海法租界市政的形成关系而言，文章指出清帝国内部的叛乱和帝国主义在华的出现共同在国家层面上塑造了现代中国，同时西方殖民帝国在中国的扩张和拓殖活动也具有多歧性。正是为了应对 1853—1855 年、1860—1862 年两次战争危机，以及因此而引发的同英国当局之间的冲突，法租界当局才开始着手建立自己的义勇队和公董局。建立有效的防御体系和维护稳定的公共秩序，是上海法租界独立市政机关建立的直接动力。

侯庆斌在《晚清上海法租界城市治理中的法律移植与司法实践——以违警罪为中心的考察》一文中所讨论的"城市治理"不同于一般的城市管理，它更强调城市管理中的法制因素。租界当局将特定的管理目标融入市政立法之中，通过执法机构保障这些法规的实施，达到规训居民日常生活和形塑现代都市的双重目的。违警罪作为一种独立的刑事违法类型，首次出现于 1810 年的《法国刑法典》。19 世纪 50 年代末，法国领事为应对租界治理的压力，将违警罪及其审判制度引入法租界，并根据华洋杂居的实际情况做出调整。此后逐渐形成以市政法规、巡捕房和会审公廨为核心的违警司法体系，收效显著。但是，由于法租界当局没有明确违警罪的量刑标准，导致违警司法在满足城市治理的需要之余，破坏了租界中的司法公正。违警罪在法租界中的移植与实践，目的是规训居民日常生活和形塑西方意义上的现代都市，但同时也反映了租界中华洋之间的不平等关系。

上海三界四方行政格局形成，使得法租界、公共租界有其独立的市政体系而不受外界制约。为了在复杂、动荡的中国政局中维护自身的安全，应对各种突发事件，上海法租界当局在法华交界处，从 1925—1932 年一共设立了 37 道铁门。上海社会科学院马军在《上海华法交界处东部 37 道铁门的形成及后果（1925—1932）》一文中认为，在紧要地点设立昼开夜闭的铁栅门，再辅之以铁丝网、沙袋，固然对法租界的安全防御有一定作用，但对于两界间的交通却构成了相当窒碍。在法租界当局看来，铁门的存在对于维护该租界的安全可谓功莫大焉，但在许多中国人的眼中，作为"一个锐利的刺激"，它却是始作俑者的法帝国主义给中华民族带来耻辱的一项"作品"。实际上，不仅法帝使然，仿效而行的英、美等帝国主义亦莫不如此。1929 年以后，围绕着铁门的设置，公共租界与华界的矛盾也变得日益尖锐起来。进而在 1932 年"一·二八"事变之后，在长期的战乱时代，围绕着两租界铁门的开与关，中外各方进行了更加激烈的纷争。

租界在上海的建立，使得他们成为独立的"国中之国"，而租界建立后如何将西方先进的市政建设理念引用到租界，是租界当局不得不考虑的问题。台湾东华大学吴翎君教授认为，1901 年在上海创立的"中华国际工程学会"（Engineering Society of China）的出发点便是为了引进西方先进技术，打造"摩登上海"（Modern Shanghai）。该学会的聚集点不是欧美国家在华政策及经济利益，而是从创立之初就集中于上海港疏浚和上海租界的公共工程（如邮政、电讯、电力、交通和自来水等工程）的进展，以及上海的施工环境和技术改良等问题。基于建造"摩登上海"的企图，在如何打造公共设施、改良交通工程等方面，吸引了一批外籍工程师不远万里来到上海。中国著名工程师詹天佑于 1905 年入会。约 20 世纪 30 年代以后，中国籍会员开始大幅增加，该学会并与中国本土的工程学会组织产生横向联系。这批上海的外籍工程师将西方自科学革命以来的学会组织传统带到中国，讨论在中国获得的工程学实务经验及西方最新的工程研发技术，等等。在《打造摩登城市与中国的国际化——"中华国际工程学会"在上海（1901—1941）》一文中，吴翎君教授认为"中华国际工程学会"在华工程技术社群的形成、对西方技术知识观念的引进，以及其对上海的城市面貌改变等，是联系近代中国与世界技术创新的轨迹。

民国时期，法国人在中国办的储蓄会主要有两家，分别为万国储蓄会和中法储蓄会，万国储蓄会起源于 1912 年上海法租界，用不到 10 年的时间，已扩展到全国各大城市。香港大学李培德教授在《万国储蓄会与上海租界金融》一文中论述到，万国储蓄会无论是起源、组织、发展都和租界分不开，资金从租界和全国各地吸取，但大部分又投放在与租界相关的事业上。由于它的成功，吸引了各方面的注意，中国的储蓄会应运而生。万国储蓄会推行的有奖储蓄形式，在 1934 年经济学家马寅初提出的《储蓄银行法》中虽明令加以取缔，但始终由于有租界的保护，取缔并不成功，甚至愈加发展。国民政府积极推行邮政储蓄和中央储蓄会，亦无法抵消万国储蓄会在中国储蓄业中的影响力。

三、公共空间与城市建设

以新文化史的视角来进行城市史研究，习惯于把城市社会放到"显微镜"下进行微观探讨，关于上海法租界的研究也不例外。公共空间和公共生活是地方文化的最好展示，与王笛研究成都的公共空间将视角集中于茶馆不同，在研究上海租界的公共空间时，上海社会科学院江文君将视角集中在更具西方特色的咖啡馆上面。在《近代上海的咖啡馆：公共空间与现代生活方式》一文中，江文君谈到，在上海，去咖啡馆喝咖啡这种休闲方式出自法租界，咖啡馆也主要分布于法租界霞飞路。这里与布满摩天大楼和百货公司、散发着商业气息的公共租界不同，处处展示的是法国的文化情调。作为一种最能体现西方文化的场所，对年轻的知识分子来说，咖啡馆让茶馆失去了魅力。一方面，上海的咖啡馆是西方现代文明的表征。中产阶层可以在这里轻松地交换主张，参与政治学辩论，知识分子们在这里可以集体参与改进中国社会及救亡图存的谋划。另一方面，位于上海租界内的咖啡馆，在某种程度上又是一种对西方公共领域的想象，这恰恰与五四运动以后左翼知识分子现代化的热望不谋而合。在进入这种想象性空间的时候，作为半殖民地国家的经验和这种公共空间所内含的等级秩序与权力关系都被淡化乃至遮蔽，仿佛如咖啡馆在西方 18 世纪公民社会形成过程中所起的作用一般。

近代上海三界四方的行政格局，在市政建设上可以各自为政互不干涉，但对于作为整体性的上海城市建设而言，却又是一个不能分割建设的统一体。随着当时上海的不断发展，如何从统一体的认识上促进上海城市的建设是当时华界和租界当局不得不考虑的问题。上海师范大学岳钦韬在《从空中到地下：近代上海城市轨道交通规划与法租界》一文中论述到，近代中国第一条通车运营的铁路——吴淞铁路诞生于上海，被清政府收回拆除后直到1897年才得以重建，但铁路重建时的清廷和地方官绅为了避免铁路进入租界，特意将路线安设在租界之外，从而使得地处城市中心地带的法租界始终没有铁路和火车站。但随着上海的不断发展，城市内部的交通往来日趋频繁，拥挤程度也在不断加深。因此，在民国初年，贯穿法租界的上海城市内部轨道交通的设想或较为正式的规划方案就已出现，抗战胜利后的"大上海都市计划"也制订了相关的计划。各种规划不仅延续了此前的高架铁路理念，还逐渐衍生出与欧美日等国同步的地下铁路方案，成为近代中国城市轨道交通规划的参考，并为新中国的相关规划与建设奠定了基础。

近代上海著名建筑设计往往被归类为不同的建筑风格，如银行大楼的新古典主义风格、教堂建筑的哥特复兴风格，而西人住宅则从古典主义到英式乡村风格，或巴洛克式。由美商洋行匈牙利籍建筑师拉斯洛·邬达克（L.E. Hudec）设计，并于1924年建成，坐落于上海法租界霞飞路（今淮海路）的诺曼底公寓（今武康大楼）的建筑设计则被归类为法国文艺复兴风格。香港中文大学吴志杰在《探讨诺曼底公寓的建筑设计意念》一文中，通过分析邬达克于诺曼底公寓中所表达的建设设计理念，而对他人所理解的将诺曼底公寓归类为单纯的法国文艺复兴形式的建筑风格提出异议。他认为诺曼底公寓的建筑设计意念属于多元化，其设计不单采用法国文艺复兴风格，还融合多种建筑形式和其他不同建筑理念，应归类为邬达克独有的"邬达克式"。该文论证了以下四方面内容：邬达克的家庭背景，尤其是作为营建商的父亲对其的影响；满足业主的要求和遵从法租界的建筑法规，形成以功能为导向的现代主义形式；地形和公共空间的关系以及坐落一块锐角形地皮所采取的特殊设计方案；未能严格遵从文艺复兴形式的建筑原理。上海社会科学院段炼在《宋氏家族在法租界》一文中，通过简介宋氏家族在租界的寓所，让我们了解到当时租界内的公寓设计完全是采取欧洲的样式，甚至连房间内的摆设也是欧洲式的，从而给生活在里面的人一种虽身在中国，又仿佛置身于国外的感觉。

四、战时上海与法租界

本次研讨会中所设计的"战时上海"主题，其跨度从小刀会起义到解放战争结束。江天岳在《法国海军与上海小刀会起义的失败》一文中，利用了一批在法国国防部档案馆所发现的法国海军档案，对法国海军与小刀会事件的关系进行了重新的解读。1855 年 2 月，上海小刀会起义在清军与法国海军的联合镇压下最终失败。清廷江苏巡抚吉尔杭阿攻陷上海县城后，旋即向京师报功。值得注意的是，咸丰皇帝在"览奏欣慰"之余，特别言及"佛兰西国提督辣厄尔首先助顺""夷官杜龙等伤亡，酌给恤赏"。上谕中此般罕有的表态，以最高统治者的层级，明确承认了清廷因国内变局所迫，向驻扎在远东的法国舰队求以军援的事实；更重要的是，相比此前的蔑视和敌对，清廷在面对小刀会起义时，破天荒地向西方列强释出了"合作平叛"之意愿。这一自鸦片战争以来重要的外交转向，亦可视为此后太平天国运动中清廷大规模"借师助剿"的前奏。众所周知，法国在第一次鸦片战争中并未参战。故法国海军武力镇压上海小刀会，乃是近代法国军事干预中国变局之始；1855 年 1 月的"北门之战"，更是法国海军在近代中国的第一场热战；战后吉尔杭阿与辣厄尔之间的照会往来，亦可视为近代中国与西方列强的高级军官间首次旨在谋求"合作"而非对抗的直接交涉。上述历史上的"第一"，有力证明了法国在上海的这次重要行动对晚清政局走向和法国远东战略都具有重要意义，更真切地反映了华洋初交之际畸形的中法关系。

"自由法国"运动是第二次世界大战期间法国人民发起的，由戴高乐将军领导以抵抗纳粹德国侵略、争取民族独立与解放为目标的爱国运动。过往有关"自由法国"运动与中国相关的研讨，往往聚焦于伦敦与重庆的交涉，而忽视上海等中国城市及远东其他城市与该运动的关联。蒋杰在《"自由法国"运动在上海（1940—1942）》一文从以下四方面展开了论述：回溯法国战败后旅沪法侨在支持贝当还是戴高乐之间做出的不同选择；通过对档案史料的挖掘，上海"法国永生"组织的建立与早期发展的历史；上海"法国永生"组织的主要活动以及法国旅沪当局的态度；爱高（Roderick Egal）被捕事件的爆发引起法侨社会的分裂。

该文重构了该运动在上海从兴起到沉寂的历史全过程，同时对影响其嬗变的各种政治和外交因素进行了剖析。该研究显示，上海与香港、新加坡、新德里和纽约等少数几个城市一起，构成了第一批响应戴高乐号召，支持"自由法国"运动的城市。作为最早投入这一阵营的海外侨民组织，爱高及其领导的上海"法国永生"组织，在"自由法国"运动兴起、发展与取得最终胜利的整个过程中，扮演了不容忽视的角色。因此，它的历史意义与价值应该得到学界应有的肯定，而不是长期处于被忽视和被低估的状态。同时，该文通过重构战时上海"自由法国"运动的历史经验，证明了作为世界反法西斯战争的东方主战场，中国的意义与价值不仅仅体现于在长达 14 年的时间内抵抗日本军国主义的野蛮入侵。事实上，发生在欧洲战场的很多重大事件也与中国和远东存在不可割裂的联系。这一案例也再次提醒我们，伴随研究方式的不断演进与研究方法的不断进步，无论从事抗日战争史还是世界反法西斯战争史的研究，学者的视野不应再割裂、孤立和僵化地囿于某个国家与地区，而应采取宏观、整体和联系的范式，以全球史的视野进行分析审视。也许这样，才能更有助于相关研究接近历史的真实并进而澄清事件的核心价值。

柯蓉在《日本占领上海时期的法国警察：服从、抵抗与合作（1937—1946）》一文中，为了更好地理解上海法租界警察使命的背景，选择了三个人物的个体案例：饶伯泽（Robert Jobez），法租界警务处的二号人物，第一个应征加入"自由法军（FFL）"的警察；爱高，商人、抵抗运动"法国永生"（Franci Quand Même）的领导者；马龙（Pierre Maron），警队队长（马龙特务班），在法租界负责对抗政治恐怖行动。他们分别代表了与日本占领上海时期的法国警察的三种合作方式：服从、抵抗与合作。对这三位名人的故事进行梳理，表明当时法租界各种事件之间的复杂性以及服从、抵抗和合作三者之间的相互重合，三者之间的边界是模糊、变化和不确定的。这些描绘也向我们展现了关于法国警察所必须承担的复杂职能以及与日本当局的地下交易。此外，还论述了秩序、安全、与恐怖主义的斗争、食品供给、卫生保障、对中国要人的保护、与日本军队和宪兵队的协作等方面。

租界是中国近代史上的特殊产物，它是国中之国，是列强侵略中国的产物，其治外法权和独立的市政管理一方面是对中国主权的侵犯，而另一方面也造就了相对宽松的政治环境，成为中国共产党和其他政治党派诞生和活动的重要场所，1934 年之前中共中央的所在地就是在上海法租界。上海法租界对中国共产党的政策是怎样的？中国共产党为何在 1934 年之后离开上海？要找到这些问题的答案，必须要依靠上海法租界巡捕房的相关档案。朱晓明在《20 世纪二三十年代上海法租界巡捕房与中国共产党——以法国外交档案和上海法租界巡捕房档案为视角》一文中，以上海法租界巡捕房档案为主，辅以法国外交档案，系统地梳理了 20 世纪二三十年代上海法租界巡捕与中国共产党的关系。她认为上海法租界巡捕房在 20 世纪 20 年代对苏联在上海的活动进行了密切的监视，在四一二事变前获悉中国共产党武力夺取租界的计划，因此采取了与蒋介石合作，坐观国民党剿杀共产党的态度。在 20 世纪 20 年代初，上海法租界巡捕房对中国共产党进行了密切的监视，并对违反领事法令的陈独秀进行了起诉和罚款。到了 20 世纪 30 年代，随着中国法庭在法租界的设立，法租界对国民党政府搜捕租界内中国共产党党员的要求采取了合作和主动作为的态度，造成了中国共产党的巨大损失，使得中共中央在 1934 年离开上海。

1924 年 9 月 3 日，江浙战争爆发，昆山、太仓、嘉定、宝山等地成为交战区域。为维持治安，防止地方混乱，以图安民自保，上海闸北、南市等地的士绅与商人纷纷成立地方武装，以弥补警察力量的不足。在当时成立的各种武装力量中，保卫团的数量最多，遍布闸北、南市、宝山、浦东等众多区域。东华大学白华山在《商人武装与法租界——以 20 世纪二三十年代的上海保卫团为中心的考察》一文中认为，无论是上海保卫团的成立过程还是日常活动，都与上海法租界有着密切的关系。20 世纪二三十年代，上海保卫团与法租界的关系既有合作也有冲突，但与公共租界相比，由于五卅惨案激起了人们强烈的民族主义情绪，而与公共租界的冲突、与英国人的冲突不断相比，因这一时期，法租界并没有制造激起中国人民族主义情绪的任何冲突，所以，从总体上来看，上海保卫团与法租界的合作要大于冲突。在上海保卫团的成立过程中，南市董家渡天主堂保卫团收到法租界当局的种种帮助，一个重要的原因在于董家渡天主堂属于法国天主教的势力范围，保卫团的创始人也是虔诚的天主教徒。因此，对其施予帮助，也是法

租界自身利益的体现。在民国时期，法国人管理社区的能力相当差，与工部局管辖的公共租界有序繁荣不同，法租界秩序混乱，治安不佳，黄赌毒泛滥。因此，法租界往往成为绑匪匿迹的地方，这也是保卫团与法租界警力缉捕绑匪，绑匪却旋灭旋起的原因。同时，另一方面，法租界也成为上海保卫团酝酿起义的温床。

"孤岛"时期，日本侵略者通过汪伪接过租界工人"改善工人生活"的口号，想方设法插手租界的劳资纠纷，竭力利用工人的阶级仇恨与民族感情，挑起"黄种人反对白种人"的运动，试图把租界中的工人运动纳入"大东亚共荣圈"的轨道，借此转移抗日斗争的大方向。上海师范大学邵雍在《1940年上海法租界电车、公共汽车工人罢工再探究》一文中认为，这次罢工体现了恩格斯说的历史合力的作用，相关各方由于受到错综复杂关系的制约，哪一方都不可能为所欲为，总的结局对改善法电工人的生活是有好处的。从政治上来说，汪伪工会得到了法电资方的认可，从此占据了有利地位。但当庆祝罢工胜利时，"已投靠汪伪的国民党蓝衣社分子忽然拿了一面汉奸旗帜挂起来，群众嘘声四起，坚决反对，那些人只得把旗扯了下来"，这表明"工人群众在思想上是和汪伪划清界限的"。1941年2月，车务部工会在收取会费时遭到资方派出的郭士元等人的两度捣乱，工会干部被殴伤，由此说明资方对于承认工会也是不甘心的。

上海的旧法租界曾是十里洋场、光怪陆离的老上海风情的代表，既是中法文化荟萃之地，也是近代中国主权受损的标志。法租界的归还，意味着中法两国始以平等精神重新交往。但史书轻松翻过的那一页背后，却是中法之间漫长而又曲折的交涉过程。姑且不论中法新约签订期间的交涉，只看法方正式向国民政府交还租界后，关于法租界公产公债的清理、审查、接收等工作，上海市政府与法驻沪总领事馆之间仍争执不断，便可探知法国并不甘心完全放弃在华权益，而中方据理力争却依然陷入维权困境。目前关于战后上海对旧租界接管工作的研究还不多，华东师范大学高嘉懿在《从中法关于前法租界未还公产的交涉看上海当局的维权困境（1946—1948）》一文中，借前法租界未交还公产一案，进行了初步的探讨。该文认为，1943年法方在交还法租界前曾转移一批公产，待1946年中法新约签订后，上海市政府在接收前法租界资产时，怀疑前法公董局转移公产的行为涉嫌违法，向法驻沪总领事馆提出交涉，要求收回未还公产。在上海前两租界官有资产与官有义务债务清理委员会的框架下，中法各自据理力争，时近两年，却仍未解决该案。通过此案交涉过程可知，抗战后上海当局在收回租界权益时，受到旧约惯例不明、战时权力真空、中央地方分歧、社会舆论压力、法方借故拖延等因素影响，从而在维护主权问题上面临很大的困境。

　　总体来说，就上海史研究而言，本次研讨会具有延续性和创新性两个特点。目前，关于上海史的研究已经取得了丰硕的成果，在现有史料以及研究现状下，如何在研究视域及理论层面寻求自我突破是接下来上海史研究所面临的问题。而随着一批熟练掌握法语的青年学者的回归，上海法租界史研究的兴起，这一问题便找到了一个突破口。因此，就上海史研究而言，上海法租界史研究的兴起具有一定的延续性。另外，通过对法文档案与法文史料的挖掘与利用，涌现出了一批利用新材料、提出新问题、进行新解读的原创性著作，因此，又具有一定的创新性。正如马军研究员在《上海法租界研究》（第一辑）发刊词中所言，随着蒋杰等在法国留学攻博，并专注于上海法租界史的青年学者，或已学成归国，或即将买棹东返，再加上上海社会科学院"中国现代史"创新型学科团队、历史研究所现代史研究室的相向努力，"似乎看到了那寥落，湮没和远去的星辰背后，正酝酿着一个群相辉映的新天象"。

　　（原载马军、蒋杰主编《上海法租界史研究》第二编，上海社会科学院出版社 2017 年 12 月版）

1930 年代的中国"科教体"图景

罗　昕　王丽华

1936 年是平凡又特殊的历史年份。在这一年，红军长征胜利、西安事变爆发……一幕幕历史大事件接连上演。

11 月 12 至 13 日，"1936 年：世界、中国与上海"学术研讨会在上海社会科学院举办。该会议由上海社会科学院历史研究所和"中国现代史"创新型学科团队主办，上海社会科学院历史研究所现代史研究室承办。浙江大学历史系教授陈红民、南京大学历史学院教授马俊亚等学者参加会议。

与会学者围绕 1936 年，从史料入手，试图呈现上个世纪 30 年代的中国在科学、教育、体育等方面的图景。

科学：在民族主义思潮中前行

1936 年鲁迅的逝世让世人伤心。而对于中国科学界，那一年中国地质学奠基人、时任中研院总干事丁文江的病逝更让人悲叹。

1936 年 1 月 5 日，丁文江在长沙湘雅医院病逝，年仅 49 岁。"一开年对中国科学界来说就'流年不利'。"上海社会科学院历史研究所研究员张剑说，丁文江湖南之行乃是受铁道部委托勘察矿产，为教育部寻找清华大学南迁校址，因此竺可桢曾言，"此二事均不必在君往也"，但丁文江因此殒命。

"丁文江去世这件事与抗战准备密切有关。也就是说，对日作战的准备、与之相连的民族主义，必将成为 1936 年以学术为唯一志业的科学界一个不可避免的中心任务与议题。"在张剑看来，随着中国科学技术的发展，科学技术及其背后所隐含的理性在政治、经济、社会生活的影响越来越大，已经成为当时抗日备战的主要依靠。

那一年中国科学界最重要的事是什么？张剑认为是由中国科学社发起，受中国数学会、中国物理学会、中国化学会、中国动物学会、中国植物学会、中国地理学会等六个团体响应在北平召开的七科学团体联合年会，这次年会曾被誉为当时"最大也是最后"的中国科学界盛会。

张剑发现，当时无论《科学》杂志主编刘咸还是清华大学工学院院长顾毓琇，都指出这次年会对于"北平"乃至整个华北意义非常。因为自 1935 年以来，由日方操纵的"华北自治运动"使华北有脱离中国的危险。顾毓琇直截了当地说："这次到北平来开会，我们认为乃是全国科学界对于政府'保障华北'的迫切请求。"他还给科学界提出研究工作应"特别注重于国家及社会实际急需之问题"等原则，与会学者讨论研究学术之外还应进一步研讨国家目前需要解决的实际问题。

"在如此宏大的、似乎要将科学完全拉上备战战车的民族主义思潮中，也有少数相对清醒的声音。"张剑说，当时清华校长梅贻琦就直言，"我们处在今日中国前线上的，对于挽救的术策更感觉需要的迫切，但同时亦须认清根本的、长久的、为此国本的途径，还是在乎科学的发展"。

"在'国难'的非常时期，科学与科学家当然应当关注现实，与政治予以合作，但科学有其独特的社会结构与社会运行机制，如何在民族主义高涨时期，保持科学的独立性，这确实是一个值得深入讨论的问题与课题。"张剑总结说。

教育：设立奖助学金政策系统

上个世纪 30 年代的上海社会出现了不少长期而大型的奖助学金基金会，比如始于 1931 年的吴蕴初清寒教育基金、始于 1932 年的鸿英教育基金、始于 1935 年的量才奖学基金团、始于 1939 年的叔苹奖学金……这些基金会都延续到了 50 年代初。

"那时沪地教育慈善走向自身发展史上的一个顶端。"上海社会科学院历史研

究所副研究员施扣柱在会上说起 1930 年代的上海教育："上海民间力量在其中扮演主角。在面向校内学生的不定期的、数量较小的奖助学金项目之外，更引人注目的是那些面向整个上海城市社会的清寒优秀学子、比较长期而大型的奖助学金基金会。"

以吴蕴初清寒教育基金为例。与中国化工之父范旭东齐名的吴蕴初是中国化工企业的先驱者之一，他成功试制出质优价廉、完全国货的天厨味精。1931 年，吴蕴初在以天厨味精厂名义发起天厨化学论文奖的同时，还拿出味精发明权酬金万元，集资五万元建立了"清寒教育基金会"。该基金会委托中华化学工业会协助组织考试委员会，每年经过考试选拔大学一年级化工系学生和高中一年级学生各 10 余人发给奖学金，成绩保持优良者可持续领取到毕业。

据施扣柱考察，1931 年至 1936 年间，该基金会资助了六届共计百余名学员，每年受助学生名单均在《申报》上予以公布。他们主要来自清华、交通、复旦、中央、浙江等名牌大学化学化工专业，也有上海地区的格致、上海、南模等名牌中学的优秀初、高中学生。上海大学老校长钱伟长、著名的"电脑大王"王安、中国导弹与航天事业开创人之一屠守锷等都是清寒教育基金的受益者。

"强社会、弱政府的格局，以及上海作为全国经济中心的优势地位和私有经济体制下工商阶层的可观财力，均为上海民间力量扮演奖助学金主角地位提供了社会与经济方面的可能。"施扣柱联想当下，感慨那时有理想有远见的实体企业家、金融企业家或文化企业家遵循的不是狭义概念中"谁受益，谁买单"的经济逻辑，而是企业家作为精英群体的社会责任。

她还提及，除了上海本土民间力量，上海地方政府、外地生源地政府和上海的租界当局也在支持奖助学金方面承担起了若干应尽的公共责任。比如上海市政府在 1927 年至 1931 年核准公布了不下 11 部地方性法规，对上海公私立学校的奖助学金设立与实施做了比较详细的规定，构成了上海有史以来第一个奖助学金政策系统。

有趣的是，从 1927、1928 年开始，上海的公私立中小学清寒或优秀学生均有享受免费助学的可能，但中学生比小学生多了一重奖学金待遇，专科或大学生则仅有奖学金而无免费助学。施扣柱猜测，这里面隐含的教育理念是：小学生年纪小，无须因奖学金竞争造成重压。而中学生心理渐趋成长，有一定能力承受奖学金竞争，尚需辅之以免费。至于高等教育阶段学生已然成人，具备勤工俭学的能力，所以只提供奖学金，没有免费助学。

体育：首次与政治结合

近代中国面对列强侵略屡战屡败，知识精英将中国民族之不振归咎于身体孱弱。吸食鸦片、裹足、不懂现代卫生，等等，更构成近代国民的"东亚病夫"形象。在研讨会上，山西大学历史文化学院讲师周山仁从体育运动这个角度去谈上个世纪 30 年代。

1930 年，国民政府举行全国运动大会。那时朱家骅在开幕式上说："我国是久被列强嗤为'东亚病夫'的国家，但是这也是无足自讳的，只看我们国内的青年有几个不是面黄肌瘦，弱不胜衣。青年尚且如此，其他的更不必谈了……我们该知道要有健全的精神，必先有健全的体格，集合千千万万具有健全体格的国民，才能造成一个健全的民族，亦惟健全的民族，才能创造健全的文化。"

更值得关注的是当时全国运动会的口号，比如"强健体魄是革命的基础""全国运动大会是联合奋斗的好榜样"，还有"中华民族万岁"。

"口号将体育与政党党魁、革命、阶层与国家民族命运联系在一起，这在中国近代政治史上是首次，这意味着体育被正式纳入国家政治话语中，强身健体意味着政治正确。"周山仁评价说。

"之后，体育救国因 1931 年九一八事变更被大力提倡，还在 1932 年的全国运动会议和 1933 年的全国运动大会达到了最高潮。"周山仁找出了当时的《申报》报道，发现在长达半个多月的 1933 年全国运动会上，运动员屡次打破纪录。媒体也称："全运会声中，连珠炮似的只听见'打破纪录'，毕竟不弱啦！在这事事落伍的中国，突然发见这班生龙活虎的年轻伙子，使出惊人成绩，怎不叫人兴奋一下子，至少也得逐渐消灭去这'东亚病夫'的雅号。"

也是在这次运动会上，中央大学体育教授程登科提出"十化体育"："要教育化训练人格、要革命化复兴民族、要军事化雪耻报国、要中国化提倡国术、要纪律化守法遵命、要民众化普及全国、要健康化讲求健美、要卫生化免除嗜好、要艺术化陶冶身心、要世界化万国来朝。"周山仁认为，此"十化体育"杂有浓厚的国家主义，甚至有法西斯和国粹主义的特征，"按此十条实施，国民的个人身体完全让渡给了'党国'政府"。

（原载澎湃新闻，2016 年 11 月 13 日）

若干感谢，一个期待

——2016年11月24日在《上海工人运动历史资料》首发式上的讲话①

马 军

各位领导，各位来宾，各位同人：

大家好！

今天（2016年11月24日）是中国工人运动的主要领导人刘少奇同志118周年的诞辰日，在这个日子里，我们举行《上海工人运动历史资料》的首发式是特别有意义的事！

上海是中国工人运动的首位城市，这套记载了上海工人运动辉煌历史的中大型资料集，虽然名义上是我们上海社科院"中国现代史"创新型学科团队、历史研究所现代史研究室的整理成果，但实际上我们只有百分之一至百分之二的功劳。百分之九十八、百分之九十九的成绩，应该归功于60年前上海总工会下属的上海工人运动史料委员会，以沈以行、姜沛南、郑庆声为核心的成员们，在短短的六年中付出了超常的努力，取得了巨大的成绩。1961年以后，他们一行又携带大批资料调动至历史研究所，继续从事上海工人运动史研究。这套资料集就是由当年的33种未刊稿组成的。所以，没有他们那时的奉献和努力，就没有今天的学术繁荣，让我们以热烈的掌声向他们表示最真挚的感谢之情，向在场的原

---

① 由江文君先生代为宣读。

史料委员会的成员们表示崇高的敬意……

在这个时候，我更加怀念历史所的老所长、老书记、工运史研究的创始人沈以行同志。23 年前，当我第一次见到老沈同志时，他就赠送给我一本著作《工运史鸣辨录》，并在上面写了一行字，这行字是"欢迎马军同志参加工运史工作"。23 年过去了，这套凝聚了他当年巨大心血的出版品，应该可以告慰他的在天之灵。

我同样缅怀历史所工运史室的老主任姜沛南同志，从上世纪 50 年代初起，他在蒙受严重冤屈的情况下，投身工运史研究，几十年来坚持不懈，其勤奋钻研的精神，令我感佩至深。令人高兴的是，他的女儿、华东师范大学历史系姜进教授今天也到场支持，这似乎让我感觉到姜沛南老师并没有走远，他仍然在我们中间。

我要向到场的郑庆声老师表示特别的感谢，他是上海工人运动史料委员会的重要成员，历史所工运史研究的主要组织者和实践者，也是我们这套书的总顾问，他将自己一生中最宝贵的年华都献给了上海工人运动史和中国工人运动史的研究事业。虽然已经 82 岁高龄，但他始终不忘给我们这些学术晚辈以强有力的支持。我衷心地祝愿他健康长寿，有了郑老师这面大旗，我们今后的工作就有了鞭策、有了动力。

我还要向历史研究所原工人运动史室、原现代史室的前辈们表示感激，在我性格和学术成型的年代里，他们都曾给过我有益而深远的影响。我祝张铨老师、周永祥老师、陈卫民老师、王仰清老师、饶景英老师、罗苏文老师、张培德老师健康长寿！

这批资料在历史研究所躺了五六十年，为什么直到今天才得以出版呢？我得说，一个很重要的因素是，当前我们社科院和历史所的两级领导采取了正确的大政方针。实践证明，创新团队的管理政策是适宜的，它给了我们普通研究人员以极大的自主性，有助于发挥更多人的创造力和积极性。在这里，我要向院、所两级领导的魄力和智慧表示真诚的敬意。

我还要向上海书店出版社表达最衷心的感谢，没有许仲毅社长富有远见的决策，完颜绍元主任、沈佳茹编辑精心细致的工作，这套书的出版是绝对不会这样顺利的。我想，今天是搞了一个首发式，但我们的合作并没有结束，而是刚刚开始……

我要向上海市党史学会的前会长张云教授、现会长忻平教授表示深深的感谢，多年来他们一直关心历史研究所的现代史研究，给出过许多富有启发性的指导。尤其是他们在百忙之中，仍为本套资料的出版，写下了无可替代的推荐意见。

我还要特别感谢我们创新团队的所有成员和现代史研究室的所有成员。这些年来，他们一直无条件地支持我的工作。如果说取得了一些成绩，那么这些成绩是我们共同努力的结果。由于我目前不在国内，本次首发式在王健副所长的直接指导下，段炼和江文君两位出力尤多。我们的这支队伍是团结的，有特色、有能力的，也是具有国际视野的，应该努力成为历史研究所的中流砥柱。

这套资料的顺利出版，得到了许多方面的支撑，但时间有限，恕我不能一一表达感谢之意。

《上海工人运动历史资料》今天面世了，但它不过是我们整个上海工人运动史料整理工作的第一部，第二部"上海工人运动史料委员会资料目录"和第三部

《上海工人运动历史资料（全五册）》书影

"老工人谈话记录"亦计划在明年出版。前者仍由我负责整理；后者则准备由甘慧杰同人负责整理，共计有 100 万字，汇集了上世纪 50 年代采访的 140 位老工人的口述记录，反映的是建党之初至五卅前后的社会实况。在这之后，我们还将推出第四部、第五部，从而构成一个系列。这一系列通过上海书店出版社出面申请，目前已被列为国家"十三五"重大出版项目。

我们现代史研究室是一个老室，历史可以追溯到 60 年前的建所之初。除了以上这批共计 1500 万字的工运史资料外，本研究室还藏有数量更多的所史资料，有大批 50 年前的未刊稿尚待整理刊发。鉴于本研究室人员少、房间小、资料多、经费缺的现状，我急切地期待上级领导、各界朋友能够给予我们更多的支持。一个藏有全所 95% 历史资料的研究室，是否可以给予"特区"的待遇呢？

今天，对我来说也是一个特殊的日子，因为今天也是我 47 周岁的生日。我是上海工人之子，我个人的生活能和上海工人运动史的事业联系在一起，真是感到非常光荣！

各位领导，朋友们，同人们，请继续支持我们，大家一起加油！

我想念你们！

（原载马军著《屉内拾遗集》，上海书店出版社 2018 年 4 月第 1 版，第 175 至 179 页）

历史所主办"光辉的 90 年：中国人民解放军的建立与发展"学术研讨会

张晓东

2017 年 7 月 8 日，"光辉的 90 年：中国人民解放军的建立与发展"学术研讨会在我院社科国际创新基地顺利举行，以学术讨论的形式纪念建军 90 周年的

会议海报

光辉历程。此次会议由上海社会科学院历史研究所主办，解放军南京政治学院《军事历史研究》杂志及上海郑和研究中心协办，上海社会科学院"中国现代史"创新型学科团队承办。

开幕式由上海社科院历史所现代史研究室主任，"中国现代史"创新型学科团队首席专家马军主持。上海社科院历史研究所所长王健、解放军南京政治学院科研部副部长项修与上海海事大学海洋文化研究所所长时平等领导分别作了致辞。随后，在由历史所所长助理叶斌主持的主旨发言中，与会学者张云等重点回顾了中国人民解放军 90 年发展的历史进程，并对中国人民解放军发展壮大的相关重要历史事件、历史人物作了评述。

在本次会议上，来自上海社科院历史所、国防大学、中国人民解放军军事科学院、解放军南京政治学院、海军指挥学院、上海大学等单位的专家学者围绕建军历史的主题，就"党指挥枪"的建军原则，八一起义与中共党军关系演进，人民解放军 90 年的光荣与梦想，党的十八大以来习近平军事思想与军队建设发展，军事理论与实践的创新发展等开展研讨。会议引起了《解放日报》《社会科学报》《新民周刊》等多家媒体的关注及参与，具有一定的影响。

（原载历史所网站）

抗战史研究的新趋势：军事史、性别史和国际化

林 夏

  9月2—3日，"抗日战争史研究新趋势"国际学术讨论会上海社科院历史研究所召开。此次会议由上海社科院历史研究所与南开大学历史学院共同主办，上海社科院"中国现代史"创新型学科团队承办，邀请了来自海峡两岸暨香港的近50位学者，以及来自日本、韩国、俄罗斯等国外高校的学者。在两天的会议中分八个专题分享抗日战争研究的新近成果，共同探讨未来抗战史研究的新趋势。

  "中国现代史"创新型学科团队首席专家马军在主旨发言中指出，应在世界反法西斯战争视野下考察中国人民的抗日战争，对于准确理解和评估抗日战争有着重要意义。同盟国内的各国军队在各大战场相互协同、彼此支援，是世界反法西斯战争的基本特征和有效形式。在第二次世界大战中，中国与苏联、美国、英国存在着这样的互动关系。

  在这次研讨会上，台湾政治大学历史系刘维开教授所做的报告是"《抗日战史》的编纂与出版"。《抗日战史》是1962年至1968年，在台湾陆续出版的一套由军方编纂的，能够完整呈现对日抗战各个会战或重要战役的战史。刘教授指出，由于认知不同，历史学界对于这套资料长期以来以负面评价居多，但在涉及与战争相关的研究时，又不得不参考它。他参考并运用现有关于抗日战史及国军史政相关档案及研究成果，对战史编纂的展开，《抗日战史》的编纂、出版的经过，以及后续相关抗日战史的整编、各军种的抗日战史进行了研究，希望以此理解抗战历史研究中军方关于战史的研究成果，并思考如何应用这类由军方主导的

会议现场

战史，以此补充抗战史研究中对会战、战役研究的不足。刘教授认为，在军事方面，研究抗战的学者或可以有更深入的研究。其实这个观点并不唯刘教授所独有，在近年关于抗战的学术讨论中，不少学者也持此观点，希望学界对军史投以关注，并进一步展开研究。而刘教授此次的报告也为这一方向的学术研究提供了启发。其实这次会议中，至少有四篇论文即与此相关，中共中央党校副教授齐小林的《浅议中共平型关战斗的决策、过程及反思》、上海社科院历史所副研究员蒋宝麟的《"一二八"至"八一三"期间的淞沪警备司令部与上海市保安队》、上海对外经贸大学张帅博士的《抗战中国战俘的数量问题及其研究展望》、南开大学历史学院高翔博士的《抗战前国民革命军制式武器选定工作研究》。

在这次研讨会上，性别史的研究也为许多学者所关注。复旦大学历史系的陈雁教授在 10 年前即申请了一个国家社科基金的研究课题"战争与性别"。在这次研讨会上，她与大家分享了她的研究经历和思考。陈雁教授回顾说，在她做这个课题研究时，李安导演的《色·戒》正在世界各地热映，伴随影片的热映，"汤唯脱没脱、脱了几分"的话题成了大众关注的热点，由此又将这个战争与性别的电影叙事推上了道德审判的风口浪尖。张承志、孔庆东、曹征路等多位作家、学者甚至联名发表了致海内外华人的公开信，声讨《色·戒》，认为张爱玲的小说以个人情欲解构民族大义，而李安的电影在他们看来更是变本加厉，"以赤裸卑污的色情凌辱强暴抗日烈士的志行和名节"，是公然践踏民族情感和伦理的举动。王佳芝这个人物是有历史原型的，就是国民党中统的地下特工郑苹如。陈教授在其研究中关心的问题是：郑苹如或王佳芝这样无法置入——至少无法完全置入民族国家抗战英雄史的历史叙事将如何安放？

自近代以来，中国女性的解放与发展就与民族国家的独立、现代化紧密相连，而陈雁教授指出，探讨战争中的女性，她们不应该仅仅是与反抗、苦难相关联的，应该有其他的研究维度，应该将其置于政治史、经济史、外交史这些传统认为是男性领域的历史中进行思考。在此，陈教授以"长筒丝袜"的研究为例做了说明。

长筒丝袜流行于 20 世纪 20 年代，由于欧美女性的裙长开始缩短到膝盖附近，而催生了长筒丝袜的流行。二战前，美国是进口生丝最多的国家，这些生丝主要用于生产丝袜，而产地就是日本。但生丝也是制造降落伞、帐篷等军用物资的重要原材料。太平洋战争爆发后，日本终止对美生丝交易，而美国宣布生丝成为应急军需品。如此一来，不仅长筒丝袜生产告急，降落伞等军需品生产也缺乏原材料。面对这一短缺，新的发明诞生了，就是尼龙，这让美国终于摆脱了对日生丝进口的长期依赖。但二战期间，尼龙极少用于生产丝袜，因为它首先是重要的军需品。所以，在当时，不穿丝袜成了欧美女性的爱国行为。女性要不要穿丝袜？这在同时期的中国也是个被讨论的问题。

20 世纪 30 年代，在上海，长筒丝袜早就成为都市女性的正常装扮，但在这一时期兴起的"国货运动"中，穿丝袜成了被攻击的对象，因为这被认为是浪费"国家民族膏脂"的奢侈品。而当女性抛弃这一装扮时，又引来了反对声浪。因为女性不穿丝袜，转而使用润肤霜粉，使民营袜厂经营不振，濒临破产……要不要穿丝袜，这一妇女消费品与爱不爱国相联系，这是战争与性别议题下一个很好的个案，在这个议题之下，我们或可进行更多的案例研究，以丰富这一议题。

另外，这次会议中不少论文涉及对沦陷区、根据地、国统区的社会生活史研究。诸如河北大学历史学院副教授杨豪对根据地非婚关系问题的探讨，陕西师范大学马克思主义学院副教授孙云对抗战时期延安边区二流子的改造运动的研究，还有上海社科院历史所研究员葛涛对"孤岛"与沦陷时期上海文化人的研究等。

社会生活的面向很多，所以，在圆桌讨论环节，抗战史学界的前辈学者如汪朝光、刘维开等都表示，抗战时期的社会生活史研究还有很多空间可以拓展。

这次研讨会的参与学者人数众多，资深的前辈学者有如前述的刘维开教授，还有香港中文大学的郑会欣教授、中国社科院世界史所的汪朝光教授、河北师范大学的张同乐教授、日本大东文化大学的鹿锡俊教授等，而年轻学者更是占了多数。在圆桌讨论环节，不少前辈学者在回顾抗日战争研究历程时，也不禁感慨时代变化之下学术环境的新变化——年轻学者所具备的更好的研究条件和更国际化的研究经历和视野。这一点在本次研讨会上也颇有体现。上海师范大学的蒋杰博士有留法经历，在本次研讨会上他向与会学者介绍了 2000 年以来法国的中国抗战史研究的情况；而此次受邀与会的，来自俄罗斯科学院远东研究所的罗曼诺夫教授则介绍了 21 世纪俄罗斯的中国抗日战争史研究。这两个报告涉及的内容都是国际视野下相关领域的新近研究，值得关注。

（原载澎湃新闻，2017 年 9 月 12 日）

《战乱中的上海》：经历了那么多战争，
上海为何能经受住考验

罗　昕

2017 年是全面抗战爆发 80 周年。11 月 27 日，《战乱中的上海》丛书首发式在上海社会科学院历史研究所举行。该丛书首批三种《1950 年上海大轰炸》《民

会议海报

间武装与地方秩序：上海保卫团研究（1924—1946）》《抗战时期上海铁路损失及其影响研究》已由上海社会科学院出版社出版。

从书主编之一、上海社会科学院历史研究所研究员马军介绍，该丛书是上海社会科学院历史研究所现代史室和"中国现代史"创新型学科团队的研究成果。2010 年年初，马军与法国里昂东亚学院教授、著名上海史学家安克强（Christian Henriot）共同策划了项目"Wars made Shanghai"。该项目获得法国国立研究基金会立项，并于 2016 年结项。《战乱中的上海》丛书便是向中文学界推出的项目成果。

从书首批三种的作者皆为年轻学者。中共甘肃省平凉市委党校讲师、《1950年上海大轰炸》作者张犇在充分的史料论证基础上，对"二六"大轰炸这一历史事件进行了全景式爬梳，特别展现了上海人民在党和政府的领导下进行反轰炸斗争的壮阔场景。他表示，在那场举世震惊的危机之中，上海人民以自己独特的勇气、智慧、胆识和力量，赢得了迄今为止发生在上海最后一场战争的完胜，上海城市和平与发展的局面自此奠定。"近代上海在大家的印象中一直是十里洋场、灯红酒绿，但'战争塑造上海'这六个字一直存于我的心中。"

11 月 27 日，《战乱中的上海》丛书首发式在上海社会科学院历史研究所举行
（澎湃新闻记者　罗昕　图）

东华大学副教授、《民间武装与地方秩序：上海保卫团研究（1924—1946）》作者白华山从 2014 年开始，与学生把《申报》《民国日报》《时事新报》三份报纸

系统查阅了一遍，找到了大量有关上海保卫团的资料。他表示，军事史是民国史研究中最薄弱的一环，希望系统阐释上海保卫团产生、发展与消亡的历史过程，从军事社会史的角度揭示 20 世纪二三十年代中国国家与社会的关系。

上海师范大学人文与传播学院副教授、《抗战时期上海铁路损失及其影响研究》作者之一岳钦韬尝试对抗战时期上海铁路系统人口伤亡和财产损失进行研究。"为什么写这个课题？一方面是我对铁路很有感情，另一方面也是一个巧合，我最早看的电影就是 1986 年的《大上海 1937》，虽然电影内容并非 1937 年的淞沪会战，但也算是一个巧合吧。"

岳钦韬表示，做这个课题最大的目的还是在于纪念淞沪会战及战争中的死难同胞和为国捐躯的英烈。"尤其在这场战争中，铁路员工的牺牲与贡献往往被人们忽略。"

马军表示，2019 年是第二次世界大战爆发 80 周年、上海解放 70 周年，2021 年是太平洋战争爆发 80 周年，若干具有学术性、纪念性、可读性的中型著作也将分批出版，以便从各个视角、各个层面揭示近代上海城市发展和巨变中的战争因素。

据悉，上海师范大学人文与传播学院副教授蒋杰编译的安克强论文集《战时上海：战争、空间与社会》将付梓，马军撰写的《上海租界铁门研究（1925—1946）》亦将告竣。《战时上海：战争、空间与社会》关注战时上海工业的空间动力、战时上海的粮食供给政策、淞沪会战与平民集体死亡、日本占领下的上海工业、近代上海难民问题等宏大叙事之外的细节问题。

与会学者普遍认为，上海史研究发展到现在尚有很多空间，研究上海史可以有不同的层面和视角，而从战乱角度看上海是一个很好的视角。上海市中共党史学会会长忻平认为，"战乱中的上海"抓住了 20 世纪的主题："丛书有几个特点。一是首创性。比如大轰炸我们都知道，但从没有过系统研究；二是写作方式上既有全貌、格局，又有大量的细节数据；三是史料全面，除了报刊和大量一手档案，考证详实，还对前人研究成果有判断和点评。"

上海师范大学人文与传播学院教授周育民认为，学界一定要区别战争的性质问题，这对城市发展意义重大。而上海的战争应变能力也值得思考。"有些城市在战争中彻底毁灭，但是上海百年来经过那么多战乱，不仅没有衰败，而且经受住考验，还有进一步发展，这和上海城市的应变能力，包括农业、商业、金融、各种团体与力量都有关系。"

上海社会科学院历史所研究员周武说："从某种意义上来说，上海这座城市是战争造就的。从另一个方面说，上海的前景又毁于战争。1934年曾有人预测当年的上海于10年后可以和纽约比肩，成为世界第二大城市。可1944年的上海呢，又是最黑暗的上海。"

周武认为，历史学者有必要好好讨论上海和战争之间的关系。"目前已出版的这三本书还是个案。我认为在一系列个案研究后，学者们还可以对上海从元代到1949年的战争史做一个整体通贯的研究。这其中不仅有小刀会起义、太平天国、一·二八、八一三，战争给上海带来的影响是极其复杂的。它一方面给上海制造了灾难，另一方面又给上海带来畸形的繁荣。马相伯曾说，一部上海的繁华史就是一部中国的灾难史。"

（原载澎湃新闻，2017年11月28日）

在《上海法租界史研究》（第二辑）首发式上的讲话
（2018年1月20日）

马　军

朋友们，同人们：

　　大家好！

　　首先，非常感谢大家前来参加《上海法租界史研究》（第二辑）的首发式，在蒋杰、章斯睿以及大家的共同努力下，这本书终于面世了。近年来，上海法租

《上海法租界史研究》（第二辑）书影

界史研究出现了一些新气象。2014年和2016年，围绕着这一主题，我们已经连续召开了两次国际学术讨论会。年刊《上海法租界史研究》到现在为止，也已经出版了两辑。今年，也就是2018年，我们将推出年刊的第三辑，并且出版2016年会议的论文集，而且我们还要在7月14日，即法国国庆日的那一天，召开第三次上海法租界史研讨会。我们期待大家踊跃参加！

尽管我们取得了一些成绩，推出了不少颇有价值的个案研究，但就学科建设而言，这些仍然是微不足道的，上海法租界的许多基本文件（如公报、年报等）尚未系统整理；大量相关档案和报刊资料还未充分开发；法租界在上海城市发展、中国近现代社会变迁中的意义，以及在中法交流史、东西方文明交往史中的地位和作用亦未展开深入研讨。仅以法租界里专有名词的对译而言，不同的文本也是千奇百怪，缺乏严格的校订，这给中外学界的沟通带来了诸多不便。总之，无论是基础工作，还是理论探索，都还任重道远，需要大家做长期的努力。希望有一天，上海法租界史丛书、上海法租界史资料集、上海法租界史大辞典，乃至上海法租界通史，也能够在这里举行首发式。届时，我一定会到场领书。

有人说，上海法租界史题目太小，涉及的不过是一个城市的一部分地区而已。此言实在差矣。在近百年的历程中，北接公共租界、南连华界的法国专管租界，与中外许许多多的重大事件休戚相关，从鸦片战争到小刀会起义，从辛亥革命到北伐战争，从一·二八到八一三，从第一次世界大战到第二次世界大战，法租界处处映现着大时代的各种特征。我们甚至可以说它本身就是一个大时代，既是上海的，也是中国的，更是世界的。

还有人说，法租界已经远去，如今的法租界热不过是对半殖民地时代的病态怀恋而已。此言也差矣。法租界虽然已经终结75年了，但在某种意义上，它并非是过去时，而是进行时。当我们散步在淮海中路的梧桐树下时，当我们到复兴公园的草坪上嬉笑玩耍时，当我们踏入阿黛可式的国泰电影院欣赏世界大片时，当我们走进思南路一带的小洋房探亲访友时，那一景一物莫不蕴藏着曾经的百年历史，事实上它就在我们身边，并没有消逝。它就是我们生活的组成部分！

学术是一条绵延的长河，它需要一代人，几代人，乃至十几代人的共同努力。如今我们这些在世的学者，在整个学术史的长链中只是一段小小的链条而已。在这之前，有数不尽的前辈学人，在此之后，又有芸芸的后世来者。作为承上启下者，许许多多人在注视着我们，其中有已经离世的人，还有将要来到这个世界的人，所以千万不要辜负了他们。在现实生活中，我们也许会为没有拿到国家课题而失望，会因为职称评定受阻而愤恨，还可能会由于自己住房的局促而沮丧，但务必请记住，对一个学者的真正检验是在学术史的法庭上，它可能是在生前，但更可能是在身后，而后者才是终极的，非功利的，与物质利益无关。

今天我们坐在这里，是因为大家有着共同的学术兴趣。我们是一个"邦联"，不是一个"联邦"。我们之间并无高下之分，只有同行、相助之谊，让我们沿着梅朋（C. B. Maybon）、傅立德（J. Frédet）90 多年前开创的上海法租界史研究之路共同前进，让倪静兰女士的精神一路鼓舞着我们……

在新的一年里，我倡导以每两三个月举办一次中小型工作坊的形式来加强彼此间的交流和联系，具体程序可以稍后再商量。

最后，我恭祝每一位朋友在 2018 年取得比 2017 年更加显著的进步！

（撰于 2018 年 1 月 16 日夜）

（原载马军、蒋杰主编《上海法租界史研究》第三辑，上海社会科学院出版社 2019 年 3 月第 1 版）

上海社科院走过 60 年，他们的研究勾勒当代中国思想轨迹

彭珊珊

1958 年 9 月，上海财经学院、华东政法学院、复旦大学法律系和中国科学院上海经济研究所、上海历史研究所合并成立上海社会科学院，新中国第一所社科院诞生。日前，上海社会科学院迎来了 60 周年院庆。9 月 6 日，上海社科院历史研究所现代史研究室、上海社科院"中国现代史"创新型学科团队召开"院

会议海报

庆 60 周年新书发布会"，发布了一系列新的研究著作，并通过回顾上海社科院历史所的发展历程进行了一次当代学术史的梳理。

会议现场，上海社科院历史所副所长叶斌、现代史研究室主任马军在发言中回顾了现代史研究室的历史。1958 年历史研究所诞生之初，便成立了四个研究小组，分别是古史组、帝国主义侵华史组、现代史组和现代史学思想史组。1959年，四个小组变为古史组、近史组、现史组、国际工人运动史组；1963 年，再度调整为古代史组、近代史组、现代史和思想史组。研究小组随着时代变化几经更迭，但现代史组始终是重要的研究力量。现代史组后变更为现代史研究室，并与原工人运动史研究室合并为今天的现代史研究室。从建所之初，对现当代史料的编辑、整理、翻译就是历史研究所工作的重点，该所组织编纂的《上海小刀会起义史料汇编》《五卅运动史料》《上海工人运动历史资料》等大部头历史资料集是相关领域研究者绕不开的文献。"文革"期间受政治运动波及，相关整理和研究工作曾停顿 10 余年，现代史研究室至今仍保留有五六十年代留下的上千万字历史资料。马军等学者近年来致力于梳理历史研究所所史，整理出版前人未刊的成果，为中国当代学术史补上一块重要的拼图。

马军编著《史译重镇：上海社会科学院历史研究所的翻译事业（1956—2017 年）》
（上海社会科学院出版社，2018 年 7 月书影）

《史译重镇》详细梳理了上海社科院历史所自成立以来的编译活动，重新发现和关注一批从事翻译工作的史坛边缘人。"在上海社会科学院历史研究所60年的历程中，始终贯穿着史学研究和史学翻译两条主线。由于评价制度的原因，史学翻译的工作长期以来被忽视，许多译者鲜为人知，默默无闻，实际上他们为学术界和学术史做出了重大而独特的贡献。"马军在总论中写道。据马军统计，自社科院历史所创立至"文革"之前，即1957—1966年间，以资深翻译家章克生为负责人的"编译组"11人翻译了500万至800万字的历史资料，可谓勤奋而高效。这些译文来自英、法、俄、日语书籍和报刊等，大多保持在初稿状态，在当时只有少部分得以正式刊发，主要是收进四部资料书：《上海小刀会起义史料汇编》《鸦片战争末期英军在长江下游的侵略罪行》《五四运动在上海史料选辑》《辛亥革命在上海史料选辑》。"文革"结束后，上海社科院历史所于1978年10月在漕溪北路40号重建，"编译组"亦随之恢复，仍由章克生先生负责，直到1988年。这一时期编译组的几项重要成果包括《上海小刀会起义史料汇编（修订本）》《五卅运动史料》《太平军在上海——选译》《上海法租界史》《上海——现代中国的钥匙》等。值得一提的是，"编译组"从成立之初便卧虎藏龙，不乏国内名校的毕业生、海外名校的博士，如马博庵系美国哥伦比亚大学博士，叶元龙是美国威斯康星大学经济学硕士，吴绳海毕业于日本京都帝国大学，沈遐士毕业于美国西北大学文学院等。但在相当长的一段时间里，不少译者成了史坛的"失踪者"。复旦大学历史系教授、翻译史研究者邹振环在序言中写道："当我们回忆起20世纪50年代以来的上海社会科学院历史研究所，一般都不会忘记李亚农、周予同、杨宽、方诗铭、汤志钧、唐振常这些如雷贯耳的史学大师，但却很少了解像章克生、马博庵、雍家源、叶元龙、吴绳海、倪静兰等这些曾经留下过丰厚历史译著的译者。在20世纪五六十年代出版的不少'史料译辑'上，我们甚至都找不到他们的姓名。《史译重镇》的一大功劳就是使这些史料译辑'物归原主'。"与会学者江文君表示，重新梳理新中国成立初期学者对历史资料的搜集、翻译、整理的过程，是对中华人民共和国学术史的回顾，也有助于我们观察现代学术框架的建立。20世纪五六十年代的相关史料，在别处可能已经难以见到，如能梳理和披露无疑是有价值的。

《（民国）大事史料长编》是从历史档案及《申报》《民国日报》等民国时期

的重要报刊中收集 1919—1926 年间民国社会政治、经济、军事、文化、教育、外交等各方面重大事件的相关资料汇编而成的文献。这是由上海社科院历史研究所在 20 世纪五六十年代组织编纂的大型资料集，1961 年为征询有关方面意见推出了油印版并继续修订，后因"文革"而中断。2008 年，北京图书馆出版社影印出版。但由于种种原因，这套书的出版、编纂详情并不为同人所知。马军将《(民国) 大事史料长编》称为"一部被淡忘的大事史料长编"。"这是历史所前辈耗费巨大精力完成的事，它的内容在今天仍有很大的学术价值。这套书出版于 10 年前，但我们直到今天才给它做了'迟到的宣传'，在某种程度上也算是给前辈迟到的正义。"马军说。

张剑、江文君主编，《现代中国与世界》(上海书店出版社，2018 年 4 月) 书影

《现代中国与世界》是由上海社会科学院"中国现代史"创新型学科团队、上海社会科学院历史研究所现代史研究室主办的连续性学术出版刊物，聚焦 20 世纪前半叶的中国历史，侧重中国与世界在政治、经济、文化、社会等方面的关联。主编之一、上海社科院历史研究所研究员张剑在会上谈到，由于自身研究科

学史的经历，深感技术革新、全球化趋势带来的影响越来越大，中国与世界的联系越发紧密。对现代中国历史的研究，应该拓宽视野，以世界眼光观照现代中国的发展，寻找现代中国发展动因的内在和外在因素，探求内外因的辩证关系，更好地了解与理解现代中国的发展。他还透露，在即将出版的第二辑中，将刊布两篇从历史所史料中整理发现的翻译文稿，系 1980 年代海外汉学家参与五卅运动会议的报告，过去从未发表过。"现在各种各样的学术集刊不少，但能够长期坚持办下去的不多。虽然面临更大的挑战，但我们希望《现代中国与世界》能够一直出下去，汇聚学界新声，推动中国现代史学科发展。"张剑说。

《屉内拾遗集》是一部短篇文字集。书中有作者对学界前辈如沈宏礼、高华、傅道慧、倪静兰、杨康年等人的追忆，有从事史学工作的经历自述（如《我从事"上海史研究译丛"协调工作的回忆》），也有访学的见闻、札记、散论，以及史料摘录等。"这本小书的内容是描绘切身经历的第一手资料，不仅内容有趣，而且可以视为一种历史叙述，笔端文字透露的情感和史观更有独特的价值。"与会学者这样评论道。

（原载澎湃新闻，2018 年 9 月 7 日）

上海法租界史国际学术研讨会：发掘被遗忘的人和事

罗　昕

为进一步推动与深化中法关系史、中西文化交流史及上海城市史的研究，10月20日至21日，上海师范大学都市文化研究中心、上海师范大学光启国际学者中心、上海师范大学人文与传播学院及上海社会科学院"中国现代史"创新型学科团队在上海师范大学联合举办"巴黎与上海之间：第三届上海法租界史"国际学术研讨会。

"巴黎与上海之间：第三届上海法租界史"国际学术研讨会在上师大举行

作为一个常设性交流平台，上海法租界史国际学术研讨会自 2014 年创办至今已历时五年。在中法两国多所高校及科研院所的共同努力下，这一会议已逐渐发展成为一个集近代史、城市史、中法关系史、中西文化交流史及域外汉籍整理于一体的多学科、综合性学术交流平台。

发现被遗忘的人物，弥补研究短板

来自日本东京工业大学的学者赵怡重点介绍了"消失在近现代史的重要人物之一"——法国人高博爱（Charles Grosbois）。通过研究当年发行于上海租界的各种语言报纸和档案资料，赵怡发现高博爱曾是一个享誉上海法租界文化界的名字。高博爱于 1919 年来沪，先后担任上海法租界公董局学校（法国公学）校长、公董局教育处处长、法文协会中国代表和上海分会会长、法国大使馆文化参赞等职，可谓法租界文化教育界的领袖人物。他 1952 年随法国大使馆最后一批人员离开中国，1953 年赴日本京都任关西日法学馆馆长，1959 年回国，在中日两国整整度过了 40 个春秋。

许多人不知道，高博爱热爱亚洲文化，崇尚东西方平等往来和交流的原则，初来上海即作为华法教育会代表为中国早期勤工俭学运动尽力，之后又积极创办中法联谊会，推进中法文化交流，晚年还将这种交流模式移到了日本。

赵怡认为，在当年的上海租界，如此热爱亚洲文化，主张和平相处、双向交流的西方人士应该为数不多，我们绝无理由将他们遗忘。

赵怡还特别提及，《法文上海日报》和其后续报刊常年深藏于徐家汇藏书楼，少有人研究翻阅，实为憾事，希望引起来自各方的更多关注。

兰州大学敦煌学研究所教授王冀青在《法国碑铭学院嘉尔业基金资助杜特列中亚考察团始末》的主旨发言中提及另一位值得学界关注的法国人——法国探险家和领事官本诺特·嘉尔业。

王冀青表示，嘉尔业曾任法国驻上海总领事，与上海法租界有过密切的关系，法国碑铭学院设立的"嘉尔业基金"便是由他捐资创建的，值得上海法租界史研究者加以重视。但因资料不足等原因，中国学界对嘉尔业的生平事业及嘉尔业基金的详情细节都不甚了解，这已成为法国中亚考察史研究中的短板。

研讨会海报

而杜特列中亚考察团是由碑铭学院委派、由嘉尔业基金资助的第一支法国中亚考察队，于 1890 至 1895 年在中国新疆、西藏等地实施考察，是中法关系史、法国中亚考察史上的重要事件，也值得深入研究。

挖掘知之不多的领域，深入研究细节

人们已经熟知中国共产党一大代表李汉俊，也知晓他的寓所上海法租界望志路 106 号（今兴业路 76 号）是中国共产党一大会址。但李汉俊在一大召开前四个月对法商电车电灯自来水公司（简称"法电"）工人罢工的声援，人们知之不多，学术界也未见有专文探讨。

上海师范大学人文学院教授邵雍因此作了题为"李汉俊论 1921 年 3 月上海法电罢工"的主旨发言。他说，1921 年 3 月，法电工人因要求加薪改善待遇举行罢工。在此期间，李汉俊在上海《民国日报》上连续发表四篇评论《我对于罢工问题的感想》《没有劳动者的中国》《要挟》《法租界电车罢工给我们的教训》，站在工人阶级立场上，从现实与理论两个角度全面论证了罢工在经济上的合理性、政治上的正义性与社会上的必然性，有很强的说服力，为工人阶级在社会争得了一定的话语权。

邵雍认为，《法租界电车罢工给我们的教训》最大的价值在于最后李汉俊用马克思主义的观点解释了上海工人罢工的历史必然性和合理性。

"李汉俊是 1920 年 8 月正式成立的'中国共产党'早期组织的发起人之一，又是《劳动界》这一工人周刊的主要创办人和撰稿人之一，理所当然对上海工人运动特别关注。"邵雍说，"我想，李汉俊当时在《民国日报》上连续发表的四篇评论是'中国共产党'早期组织成立后对上海工人运动的最初表态之一，弥足珍贵，值得认真研究。"

本届会议议题丰富，涉及上海法租界史、法租界的史料与文献、法租界的城市空间、法租界的都市生活、法租界的法律与法制、法国化城市与国际关系史研究等方方面面。会议共有来自国内外高校及科研院所的 50 余名学者和研究人员参会，提交论文 26 篇。

除了文史"火花"，亦有理工"碰撞"，比如上海社会科学院应用经济研究所研究员万勇基于地图的历史分析，讲述了近代上海城市的肌理（形态）与机理（内在）。他提出城市空间是有密码的，有很多内在规律和逻辑性，可以据此绘制出每个城市与众不同的"基因"。

（原载澎湃新闻，2018 年 10 月 21 日）

学问家与革命家：追思上海社科院历史所 李亚农、沈以行两所长

彭珊珊

身兼学问家和革命家的人不多，因为造就这样的学者需要历史际遇。上海社科院历史研究所老所长李亚农和沈以行就是这样的两位学者，他们曾亲历社会变革、亲身参与革命，之后又得以走进书斋，成为历史的研究者。2018 年 10 月 26 日上午，上海社科院历史所现代史研究室、"中国现代史"创新型学科团队举行了对两位所长的追思会暨纪念册（征求意见稿）发行式，李、沈两位先生的学者同人、昔日同事、晚辈亲友等应邀与会。

李亚农先生（1906—1962）早年留学日本，1920 年代在日本加入共产党从事革命，后被捕入狱三年。抗战爆发后他加入新四军，1941 年来到苏北抗日民主根据地，被陈毅任命为新四军政治部敌工部副部长，负责对日俘工作。解放后，他接管并主持上海科学技术工作，筹建成立了上海历史研究所。

会议海报

沈以行先生（1914—1994）曾在邮政系统工作，从 1930 年代开始加入工人组织，后在党内长期从事工人运动，推动工人抗日救亡，还曾从事党的秘密工作，在复杂的斗争中经受炮火、监禁等考验。解放后，他是工人运动史研究的倡议人、组织者和著名专家。

上海社科院历史所副所长叶斌从治学的角度总结李亚农、沈以行两位所长的特点："两位所长都是学问家兼革命家。李亚农先生 1927 年入党，沈以行先生 1938 年入党，都在二十来岁风华正茂的年纪、中国革命比较困难的时局下加入中国共产党，是身体力行的革命家。他们的史学研究是革命工作的一部分。李亚农先生从事古代史研究，目的是'用马克思主义的中国史来教育人民'；沈先生研究工人运动史，本身就是中国革命史的一部分，他以亲历者的身份开创了上海工运史研究，带起了一支工运史研究的队伍。可以说，他们的研究是马克思主义史学与革命政治的结合。"此外，叶斌还总结道，两位老所长都重视史学研究中的理论问题，并且极其重视史料工作。在他们的领导下，历史所的史料搜集和整理工作成果丰硕，有力地推动了中国近现代史研究，也让历史所在学术界颇受尊重。

上海社科院历史所现代史研究室主任马军在发言中分别介绍了两位所长对历史所的贡献。李亚农先生是 1956 年上海社科院历史所创所时的所长，沈以行先生则是 1978 年"文革"后历史所复所时主持工作的党委书记副书记、副所长，他们都在历史所创立、发展过程中的关键节点上发挥作用。"李亚农先生是首任所长，他早年留学日本，回国后长期致力于中国上古史的研究，业绩斐然；他在就任所长期间，纲举目张，制定长期研究规划，积极引进人才，广泛搜集历史研究资料，从而奠定了历史研究所的'所格'和几十年的发展方向；沈以行先生从上世纪 50 年代初期就投身工人运动史的研究，在长达 40 多年的学术生涯中，还带领一批同仁坚持不懈，奠定了本所的一大特色——上海工人运动史研究。他在就任所领导期间，为接续历史所因'文革'而中断的治学传统付出了巨大的努力。特别是他积极创造并推进上海史研究，遗惠长远。"马军说。

李亚农先生哲嗣李小骝在会上回忆了关于父亲的往事。李小骝先生系中国科学院上海植物生理生态研究所原党委书记，他谈到，在中国科学院服务了 30 年，他作为一名研究者和管理者都曾受到父亲的影响。"尽管我 10 岁时父亲就去世了，但有些事我仍有印象。早在 50 年代初他的身体就每况愈下，最后癌细胞扩散得很厉害，已经到了脑部，可他想写的东西越来越多。因为心脏无法忍受上海的黄梅天，他常年住在衡山宾馆的高层，人瘦得只有五六十斤，已经拿不动书了，只得专门让科学院的小工厂制作了书架，一边插着氧气一边看书写东西，直到他去世。"李小骊说，这一幕使他很受震动，"父亲对学术研究是有兴趣的。对于离开党政管理岗位到历史研究做工作，他是很高兴的。"

郑庆声先生自 1952 年起追随沈以行所长研究工人运动史，与之相处长达 42 年。回忆起老领导沈以行，他说：老所长的一生都与工人运动密切联系在一起。他回忆了沈以行所长和刘长胜同志的一段渊源，那也是沈先生转向工运史研究的契机。刘长胜是中共七届中央候补委员、江苏省委副书记、上海局副书记，1937 年后上海工人运动长时间的领导人。早在 1939 年，他就布置上海各行各业的地下党员编写这方面史料，沈以行先生当时也参加了邮局方面的编写工作。解放后，处在市委和总工会领导岗位上的刘长胜仍十分重视这项工作，他预见到"历史资料，现在进行搜集的条件比较好"，决定成立专门机构进行这项工作。1953 年，他亲自到上海部署相关工作，调沈以行等人成立上海工人运动史料委员会干事会，重点整理邮局等四个产业系统的史料，沈以行先生正是从这时起真正参加了工运史研究的实际工作。

复旦大学历史系教授余子道讲述了沈以行在复旦大学历史系和社科院历史所"系所合作"期间的历历往事。他回忆道，1979 年冬天，他陪同一位美国来复旦大学的访问学者拜访沈以行先生，向他请教中国工人运动、工人阶级和革命的问题。那是刚刚改革开放、社会氛围仍然比较保守的情况下，第一位到复旦大学的美国访问学者。沈以行先生坦诚相见，为美国学者提供了大量材料，包括他们做的老工人谈话记录等珍贵的一手资料。后来沈、余两位都为这件事向有关部门写了情况说明。"在当时保守的思想环境下，我们去拜访档案机构也都碰了钉子，一般人也难以做到。可是沈以行先生大胆敞开胸怀，接待了西方学者，这是非常难得的。"

尽管当代人写当代史的遗憾难以避免，但李、沈两位学者保有反思的自觉。郑庆声先生回忆沈以行时说："过去我们做工运史有个毛病，只讲共产党领导下的工人运动，不讲别人领导下的工人运动。但沈先生的观点是研究历史资料一定

从左至右：马军、叶斌、李小骊、郑庆声

要全面。既有共产党领导的，也有非共产党领导的。"唐培吉先生提到李亚农对人才的态度时回忆，李先生曾在很"左"的社会氛围下，不拘一格地延揽人才组成史学编译组进行工作。李小骊记得父亲的秘书曾记下父亲的一句话："人啊，应该心肠热，头脑冷。现在不对了，是头脑热，心肠冷。"另一方面，身兼革命家和学问家的际遇也带来了宝贵的财富，李、沈两位所长均在史料搜集方面立下汗马功劳，从李亚农在建所初期注重资料建设的方针制定，到沈以行亲自积累下的几千万字工运史资料——其中包括老工人口述访问等，都为历史所留下了宝贵的史料遗产。这些历史资料浩瀚庞杂，至今都保留在社科院历史所，马军研究员近年来致力于整理和研究这些史料，并不断地有新发现。同时，他也正在编纂两位所长的纪念册，其中收录李亚农、沈以行两位学者的生平资料、学术作品以及亲友同人的回忆、报刊媒体报道等，到场学者通过纪念册的征求意见稿得以先睹为快。"纪念不仅是为了缅怀过去，也是为了展望将来；编纂纪念册不仅是为了他们，也是为了我们；不仅是为了现在的历史所，也是为了将来的历史所。希望我们能在老所长的事迹中找到指南，老所长的精神能长伴左右。"马军说。

（原载澎湃新闻，2018 年 10 月 27 日）

在中日学者中日关系史交流会上的讲话
（2019 年 3 月 1 日）

马　军

各位老师，各位来宾：

下午好！

日本的大学界每年有两次假期，一次是春假，一次是暑假。再加中华人民共和国外交部 20 多年以来，一直对日本国特别友好，实施了一项单方面的入境政策，即日本公民进入中国领土两个星期内无需签证。换言之，我们的日本朋友们只要买一张机票，带着护照，就可以来上海，和老朋友见面，查资料，展开学术交流，当然还要一起喝酒、吃饭。我们中国学者希望有一天也能得到这样的便利。

今天，与其说是一个学术活动，不如说是为了给新老朋友们多提供一个增进彼此了解、拓宽学术交往的平台。

我很高兴今天能见到高纲博文教授和小浜正子教授，两位老师是日本上海史研究会的核心人物，和我们历史研究所有着长期的合作与交流，我本人就受益颇多。特别是 2016 年 10 月 1 日到 2017 年 5 月 31 日，我曾到日本东京访学八个月，其间无论在学术上还是在生活上，都得到了两位老师的悉心照料，令我收获满满，对此我一直铭感在心！早在 34 年前的 1985 年，本所曾举办过纪念五卅运动 60 周年的国际学术讨论会，当时有三名外国学者参与，高纲、小浜老师就是其中的两位。今天，我们研究室内仍保存着那次会议的档案，其中就留有两位老师的"痕迹"。我们研究室还保存有日本上海史研究会首任会长、已故的古厩忠

会议海报

夫教授的赠书，上面留有他清晰、亲切的题字。古厩教授提出的上海、重庆、延安"三极"观，和后来日本上海史研究会大力倡导的"灰色地带"理论，对中国学者研究战时中国的历史具有启发性的意义。

此外，小浜老师还是日本中国女性史研究会会长，此次应华东师范大学之请，来沪访问一个学期，所以今后的几个月，我们还有更多的机会领受小浜老师的指教。

在那次访问日本的过程中，赵怡、竹松良明、木田隆文、户塚麻子诸位教授也曾给过我各种形式的帮助，对此我非常感激！他们四位都是研究日本近代文学的，主要是研究日本文学和中国的关系。赵怡老师早年毕业于南京大学法语系，后赴日留学，精通法语、日语，新近在日本东京大学拿到了博士学位，即将开始新的学术旅程。

赵怡老师和今天到场的来自京都大学的沈恬恬老师对上海法租界史一直很有兴趣，我想今天她们一定能与来自上海师范大学历史系，在法国里昂得了博士学位的蒋杰副教授找到共同语言。

上海师范大学方面，今天到场的还有薛理禹老师、张智玮老师。

今天，我还见到了两位新朋友，千叶商科大学的赵军教授和日本女子大学的沈洁教授，虽说是新朋友，但两位老师的论文经常见于中文期刊，所以并不算是陌生的。

我还愿意给大家介绍来自华东师范大学民俗研究所的中村贵先生，今天恐怕还要麻烦他做一些口译工作。谢谢。

这里还有一位来自西方的学者，她的名字是 Anna Herren，中文名字叫任安娜。她是瑞士苏黎世大学的博士研究生，现在在法国上海史研究权威安克强教授的指导下，研究民国时期的新闻照片，将在上海访学三个月。

下面请允许我简单介绍一下我们的现代史研究室。我们的研究室已经有约 60 年的历史了，以往主要致力于中国革命史的研究，最主要的成果是《上海工人运动史》和《五卅运动史料》。目前除了我以外，室内还有七名成员，他们是：张剑（从事中国科学技术史研究）、甘慧杰（从事中日历史文献的翻译和解读）、段炼（从事上海地方志研究）、江文君（从事民国时期上海中产阶级的研究）、蒋宝麟（从事中华民国史研究）、赵婧（从事上海妇女史研究）、蒋凌楠（从事中国近代概念史研究）。

我们期待着各位的指教。

本次交流会自始至终，是在陈祖恩教授的策划、联络和指导之下，陈老师在中日关系史和上海史方面名闻遐迩，我就不再介绍了。

我就说这些，谢谢。

他们记录了五四运动在上海的历史，
这些名字不应被遗忘

彭珊珊

从新中国成立到改革开放之前，国内出版过大量集体编修的史料、著作，这些厚重的"砖头书"曾在资料匮乏、检索不便的年代里为有志于历史研究的人们提供线索、指明方向，但作者往往没有署名，或以单位署名。

那个年代的学者甘做隐姓埋名的铺路人，今人却不应遗忘他们的奉献。事实上，当年以集体之力、乃至举国之力编修的书籍，往往得以调配相关领域的一流专家，那种高手云集的编写阵容、合作方式如今已难再实现。

上海社科院历史研究所在"文革"以前，以组织集体力量、编纂中国革命史方面的资料集见长。该所推出过四部在学界享有盛名、影响深远的资料集，分别是 1958 年的《上海小刀会起义史料汇编》《鸦片战争末期英军在长江下游的侵略罪行》，1960 年的《五四运动在上海史料选辑》和 1966 年的《辛亥革命在上海史料选辑》。

两三年前，上海社科院历史所研究员马军在该所现代史研究室的资料中偶然发现一批史料，其中记录了大量有关该所《五四运动在上海史料选辑》（1960 年版）编纂工作会议的信息，为今人了解当时的编纂过程及时代背景打开了一个窗口。

5 月 6 日，上海社会科学院历史研究所举办五四运动 100 周年学术纪念活动，20 余名学者围绕《五四运动在上海史料选辑》编写的来龙去脉展开讨论，从学术史的角度来纪念五四运动 100 年。

与那个时代的许多大部头书籍一样，该书在正式出版时只署单位名称，编纂者的姓名没有出现。马军研究员发现的两本小 32 开黑封面记录本中，有约 10 万字钢笔记录的会议记录，其中约七万字与编纂《五四运动在上海史料选辑》直接相关。他通过梳理会议记录列出当年的编委会名单，并在会上表示："今天读出他们的名字是特别有意义的。"

这些学者包括周予同、杨宽、徐崙、奚原、刘仁泽、刘力行、方诗铭、汤志钧、章克生、马博庵、吴绳海、洪廷彦、程天赋、顾长声、齐国华、吴乾兑、傅道慧、吕书云、宋心伟、徐鼎新、王天成、李峰云、李茹辛等。"其中汤志钧、刘力行、周予同、徐崙、吴绳海等学者还发表了相关论文，他们不仅是编纂者，也是研究者。"马军说。

据马军介绍，两本记录本中有 1959 年 4 月至 11 月的 30 余次关于编纂《五四运动在上海史料选辑》的会议记录，均为讲话稿实录，生动、直白、真实；包括编纂过程中有过的争执、冲突都记录在案。而上述学者的后人或学生编撰其生平时，也未有机会收录这些珍贵的讲话。

部分编纂者的后人应邀参加了纪念会议。上海社科院历史研究所已故名誉所长、《史林》第一任主编方诗铭先生之女方小芬表示，父亲的专业是古代史，五四运动史并非他的专业，但是他仍非常乐意参与这项研究。"这些编纂者中，有些是我父亲的前辈，有些是他的同辈，他们都是杰出卓越的历史学家，但都乐于从事编撰史料这样基础性的工作。"她正在为父亲编写年谱，此前并不知道父亲曾参与五四运动史料的编纂，直到为其整理藏书，发现两个版本的《五四运动在上海史料选辑》。"马军研究员对这些资料的挖掘非常有意义，否则，随着亲历者的离世和资料的遗失，这些往事很快就会淡出人们的视野。"她说。

方诗铭、汤志钧先生的《五四运动在上海史料选辑》出版距今已经有 59 年，当年的主要编纂者中，只有汤志钧先生依然健在。汤志钧之子汤仁泽在会上回顾了当年父亲参与编纂工作的往事。他提到，汤先生曾回忆，时任历史所所长李亚农先生希望这部史料选辑编出上海的特色，避免与北京方面出版的《五四爱国运动资料》重复。中外书籍、报刊丰富是上海得天独厚的条件，因此史料选辑编纂时充分利用了上海图书馆徐家汇藏书楼的丰富馆藏。汤志钧先生还曾亲赴北京各大图书馆搜寻珍贵的中外文资料，在艰苦的条件下编选出一批此前未被发掘的资料。马博庵先生毕业于哥伦比亚大学，是我国对外关系史和国内县政、乡村经济等学术领域的专家，早在 1930 年代就任金陵大学历史系主任，1957 年由中共上海市委统战部分配到中国社科院上海历史研究所。精通外文的他后来成为历史所编译组的得力成员，留下了《太平军在上海——北华捷报选译》等重要的译文资料。马博庵先生的外孙女潘丹华女士在会上回顾了他废寝忘食的学术研究、一生忠于祖国的满腔热血和晚年命运的波折，与会者无不唏嘘动容。

来自复旦大学、华东师范大学、上海抗战史研究会以及上海社科院历史研究所等单位的学者也发表了对史料集及相关新资料的看法。上海社科院历史所副所长叶斌表示，这部史料的学术价值并未褪色，前辈学者在书中展现了他们的史识和学力。"这本书的上、下编安排合理，既展现了五四运动的完整历史过程，又能突出它的重要方面。我们今天研究五四，又积累了不少'后见之明'，思路更加丰富，但我们也感觉到许多研究缺少了前辈高屋建瓴的气魄和格局、大的历史观。"他还表示，"我们应有新的眼光对五四运动在上海进行研究。要理解当前世界的百年变局，从世界历史的角度应从一战说起，从国内历史的角度要从五四运动讲起。五四运动也是世界历史的一部分。在这本资料集中，我们不仅能看到帝国主义的罪行、中国人民的斗争，也能看到帝国主义国家之间的矛盾。一战后的世界格局，在上海就已经呈现出来了。这些新问题可以在这部史料集的基础上进一步展开研究。"上海社科院历史所研究员周武在发言中说，当年的编纂者们以纯手工的方式对史料进行"地毯式搜索"，鉴别编选的细致资料至今仍在被学界使用。"即便今天的检索手段已有长足的进步，前辈编写的经典资料仍在泽被后学。他们从零做起，不懈努力，这种价值和精神是永恒的，但过去我们对这样的工作有所忽视。"上海社会科学院历史研究所研究员罗苏文表示，《五四运动在上海史料选辑》如果有再版的机会，希望能把参与编撰的诸位先生姓名列上，并尽快将他们的回忆录、传记编写出来，他们那种全身心投入、毫不考虑个人得失的学者精神令人感怀敬佩。

（原载澎湃新闻，2019 年 5 月 7 日）

历史所现代史研究室 "1949 年：上海解放" 论坛

马　军

为纪念上海解放 70 周年，由上海社会科学院历史研究所现代史研究室、上海师范大学都市文化研究中心主办的 "1949 年：上海解放" 论坛，于 2019 年 5 月 28 日在上海召开。本次论坛主要由上海师范大学邵雍教授，上海社会科学院历史研究所马军研究员、江文君副研究员作主题报告，与会学者、研究生参与对谈及讨论。论坛还设置了参观上海社科院历史研究所资料室环节，学者们对历史所资料室馆藏的《新闻报》《解放日报》《人民日报》《密勒氏评论报》《中央日报》等报纸上的 "上海解放报道" 进行了精彩解读。

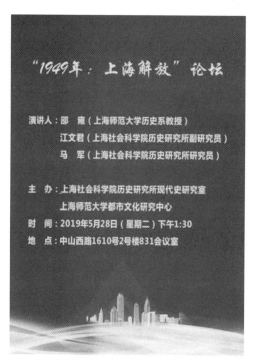

会议海报

（原载历史所网站）

《上海工人运动史大事记两种》出版，
弘扬上海红色文化

"上海工人运动史料"是 20 世纪 50 年代上海工人运动史料委员会在广泛搜集上海工人运动和革命斗争史实过程中，积累的各种文献手稿、报刊摘编、调查材料、会议记录、口述资料和从两个租界档案中翻译的相关史料，以及部分已经形成文档的初步整理成果。

经过几年来的努力，当时收集到的工运史资料已达 1500 万字。这批珍贵的历史资料虽然历经半个多世纪的岁月消蚀，大部分都保存至今。

为进一步加强红色文献和革命史料的开发整理，上海社会科学院历史所现代史研究室与上海书店出版社合作，邀约党史、工运史和现代史专家对该室所藏的上海工人运动历史资料重新编审整理，汇集成《上海工人运动史料全编》（1921—1949），计划在"十三五"期间，分三个编次陆续出版。

在纪念上海解放 70 周年之际，《全编》的第二批次——《上海工人运动史大事记两种（全二册）》由上海书店出版社出版。6 月 20 日，《上海工人运动史大事记两种》首发式在沪东工人文化宫职工文体中心举行。

重现半个多世纪前的珍贵史料

上海社科院历史所研究员马军介绍，《上海工人运动史大事记两种》共 60 万字，内分《上海工人历年斗争大事记（初稿）》和《上海工人运动历史大事记（草稿）》。后一种是重中之重，其字里行间，记载了 1919 至 1949 年上海工人运动的光辉历程。

从"五四"到"五卅"，从"四一二"到"八一三"，从抗战胜利到迎接解放，上海工人阶级在长达 30 年艰苦卓绝的斗争中，从小到大，由弱变强，历尽了血泪与教训，最终以护厂斗争、坚持生产的最佳形式，迎来了人民解放军的到来。马军说："事实上，我们刚刚度过了上海解放 70 周年的纪念日，百万上海工人阶级的丰功伟绩至今令人难忘。"

他提及，在上世纪 50 年代，上海市总工会成立上海工人运动史料委员会，专门从事上海工人运动史料的收集和整理工作，旨在总结解放前上海工人运动的历史轨迹与斗争经验。在短短的六年中，该委员会成员对各行各业进行了系统的采访和搜集资料，付出了艰辛的劳动，由此留下了 1500 万字的史料和文稿。其中，沈以行、姜沛南、郑庆声、徐同甫、李伯毅、倪慧英等人出力尤多，这套大事记就是在 1958 年由他们撰写的。

时光飞逝，当年不少用毛笔、钢笔、圆珠笔等书写或刻蜡油印的稿件，都存在程度不同的字迹褪色漫漶，纸张老化破损或虫蛀、黄斑、污渍等。当年这批辛勤的研究者多已不在，唯一健在的郑庆声当年是史料委员会里的小伙子，今年也已经 86 岁高龄了。

郑庆声也来到了首发式现场。白发苍苍的他回忆自己一直从事工运史的研究工作。1994年，他在上海社会科学院历史研究所工人运动史研究室主任的岗位上退休时，就把保存在室内的从 1952 至 1958 年上海工人运动

《上海工人运动史大事记两种（全二册）》
（上海书店出版社，2019 年）书影

史料委员会的全部资料和档案都移交给当时在室工作的马军，并告诉马军这些都是宝贝，要好好保存，仔细研究这些资料还可以写出不少工运史方面的论文来。

2016 年春夏，马军将这批上世纪 50 年代收集整理的上海工人运动史料分类检别后分批送交上海书店出版社出版，还请郑庆声担任这套资料的整理委员会总顾问。2016 年 9 月，《全编》的第一批次——《上海工人运动历史资料（全五册）》由上海书店出版社出版。

史料服务研究，丰富上海的红色底色

第一批次史料出版近三年后，第二批次《上海工人运动史大事记两种（全二册）》也出版了。

与会学者认为，《上海工人运动史大事记两种》记录了 1949 年前上海工人运动的光辉历程，凝聚了 20 世纪 50 年代上海工运史研究者们的艰辛劳动，对于发掘和利用这些资料开展上海史、工人运动史、中共党史研究提供了重要线索，对于了解上海革命资料与文物的征集历史，对于观照上海工人运动史料委员会的工作业绩，皆有重要的文献价值。

上海书店出版社社长齐书深表示，近一个世纪以来，红色文化一直是上海这座城市的底色。上海是中国共产党的诞生地。上海工人运动在中国共产党的领导下，无论是风雨如磐的峥嵘岁月，还是民族存亡的危机之秋，或是两种命运决战的历史关头，都以一往无前的英勇气概，在中国革命史册上书写了壮丽篇章，亦成为中共党史，特别是中共上海党史的重要内容之一。

据悉，经国家广电新闻出版总局审核批复，上海工人运动史料已被列为"十三五"期间国家重点出版项目。第一批次《上海工人运动历史资料（全五册）》是按照行业或企业以及专题整理编纂的上海工人运动历史资料，计有 40 多个专题，涉及市政、棉纺、五金、烟草、百货、银行、保险、海关、邮政等多个领域与行业，每个专题大致反映产业情况与职工生活状况、敌我力量对比状况、党的方针政策、职工运动的组织形式与斗争方式等。

澎湃新闻记者还了解到，第三批次《大革命时期上海工运史口述资料》拟

会议海报

于 2020 年出版。该资料全部为个别访谈后的记录整理，即口述历史，总计近 400 篇，目录有《王梅卿口述》《薛兆圣口述》《朱英如口述》《郑长山口述》《施小妹口述》《赵金英赵银英口述》等。这些内容皆出自口述人亲历亲见亲闻，相当丰富。

（原载澎湃新闻，2019 年 6 月 21 日）

二战爆发 80 周年，"抗战史"与"二战史"研究如何开展

罗　昕　刘欣雨

今年是第二次世界大战爆发 80 周年。1939 年 9 月 1 日，德国闪击波兰，英法对德宣战，第二次世界大战全面爆发。

为进一步推动与深化抗日战争研究与世界反法西斯战争研究，8 月 24 日至 25 日，"从'抗战'到'二战'——纪念第二次世界大战爆发 80 周年"学术研讨会在上海师范大学光启国际学者中心举行。

该会议由上海师范大学都市文化研究中心、上海高校高峰高原学科建设计划上海师范大学中国史学科、上海师范大学人文学院、《上海师范大学学报（哲学社会科学版）》编辑部、上海师范大学光启国际学者中心和上海抗战与历史反法西斯战争研究会主办，上海社科院历史所现代史研究室、上海淞沪抗战纪念馆协办。来自中、美、日、韩的近 50 名专家、学者出席会议，并就"中国抗战史"与"世界二战史"展开了深入讨论与交流。

重看当年的人道主义者

上海师范大学教授苏智良作了题为"伟大的人道主义者：饶家驹与难民救助的'上海模式'"的报告。他称饶家驹为"伟大的人道主义者"。

饶家驹于 1913 年来到上海，是耶稣会的教士，精通上海话、英语、法语、拉丁语，是上海南市安全区的主席。八一三事变爆发后，饶家驹开始筹划设立南

市安全区。1937 年 11 月 9 日，南市安全区正式成立。地址在当时上海城隍庙，占地面积为一平方公里。

在这个一平方公里的地方里，所有的教堂、安堂、清真寺，学校、公所、居民住宅以及城隍庙等都成为难民收容所，一共有 100 多个。据《申报》统计，难民人数最多时达 20 万人。直到 1940 年 6 月 30 日，安全区正式解散。

解散原因在于欧战爆发，法国天主教会召唤饶家驹前往法国去救助法国和欧洲的难民。饶家驹离开上海仅仅半月，安全区就因缺乏主持人宣告解散。据统计，在这两年多的时间里，至少有 30 万难民被救助，避免了被屠杀的命运。

在看到上海南市安全区这样一个榜样以后，拉贝等人找到饶家驹，希望由他帮忙介绍日方将军和外交官来推动南京安全区的建立。此外，饶家驹还在汉口和广州成立了安全区。1940—1945 年，他在法国救助难民，等到战争结束以后，他飞到柏林去救助敌国的难民。他曾试图复制上海模式，建立一个欧洲安全区，但没有成功。

苏智良还提及，饶家驹的理念更促成了《日内瓦第四公约》的订立。1938 年，饶家驹创办的南市安全区被国际红十字会视为世界范围内战时保护平民的成功范例，并通过了《安全区决议》，仿照上海南市安全区来建立其他地区的安全区。1949 年，《日内瓦第四公约》签约，饶家驹在中国建立及维持安全区的举措载入了公约，这个公约就是饶家驹模式的延续。现在，共有 196 个国家加入了该公约。

"上海在二战时期有两个安全区，一个是犹太安全区，中国人保护了三万犹太人。另外一个是南市安全区，国际团队保护了 30 万中国难民。"苏智良说，"能不能就此申请世界文化遗产？为此，我们正在努力。"

复旦大学历史系教授、上海抗战与世界反法西斯战争研究会名誉会长余子道进行了题为"苏联出兵东北对日参战再评析"的主旨报告。

余子道指出，美、苏、英同盟国政府的战略谋划，首先置重点于欧洲战场，先行解决欧洲问题；在基本歼灭欧洲法西斯后，再合力打败日本，并为战后亚太地区的国际秩序安排预做准备。随着 1943 年苏军在斯大林格勒战役中取得重大胜利，世界局势发生了根本转变。"战场转移"的问题开始提上日程，在这一过程中，美、苏等国各有谋算。可以说，《雅尔塔协定》的确立是美苏力量暂时均衡下彼此妥协的产物，但同时，也是两个大国为了自己的利益而背着中国进行的一次政治交易，是大国强权政治的表现。

开阔抗战史研究视野

中国社会科学院近代史研究所研究员高士华提到，自己曾在一场学术会议上请教一位来自英国国王学院的教授谈 1931 年的九一八事变在世界史上有什么意义。教授认为，第一次世界大战以后，整个世界都维持着一种"虚弱的平衡"，而九一八事变象征着一个国家主动用武力打破了这种平衡。

"我想这可能就是它非常重要的地方，即使对于世界史来说，这个事件也非常重要。"高士华认为，学界低估了九一八事变在世界史中的意义。抗日战争不仅是中国史的一部分，更是世界史的一部分。

高士华指出，日语中有一个词叫作"大东亚战争"，在远东军事战场上，"大东亚战争"是一个整体，中国战场只是它的一部分。但在整个大东亚战争内部，必定存在一种内在的协调与互动，这是应该注意的。

"因此，这场战争的世界性不言而喻，对于研究抗日战争史的学者来说，时刻不能忘记。"高士华称，"我们应该将抗战史研究放入一种更广阔的世界视野中。不能只是自说自话，还应该让中国观点为其他国家所接受。"

面对今天抗战研究中存在的各种问题，高士华建议：第一，要做好抗日战争研究的顶层设计，合理规划抗战史的学术研究与资料挖掘工作；第二，广泛、深入地收集国内外与抗日战争相关的史料，注重外文资料的收集和国内档案的整理、出版；第三，建立抗日战争研究学术共同体，坚持学术活动的常态化，避免"扎堆研究"和"起哄研究"；第四，改变大众传播媒介和互联网上"学者不在现场"的状况，鼓励发挥学术成果的"溢出效应"，让学者走到前台，做好纠偏、正名、批谬等工作。

华东师范大学历史学系教授余伟民补充道，世界反法西斯联盟的历史经验对今天依然有着非常重要的意义，尤其对于构建人类命运共同体有一定的指导性；

二战起源研究可以为当今国际变局提供历史经验，因此应当予以重视。

重思为什么1939年被认为是二战的爆发点？

1939 年 9 月 1 日，一直被国际社会视为第二次世界大战的爆发点。尽管出于对"欧洲中心观"的批判，不少国家、地区的学者曾经对此提出质疑，但在上海社会科学院历史研究所研究员马军看来，传统的说法确有其合理性，难以被轻易撼动。

首先，1940 年的法国战役以及不列颠空战、1941 年日本偷袭珍珠港、1943 年斯大林格勒战役、1944 年诺曼底登陆等一系列二战中最重大的事件都与 1939 年法西斯德国闪击波兰存在环环相扣的因果关系；其次，欧洲是当时世界上经济最发达、文化最繁荣、民族主义最浓厚、军事力量最强大的地区之一，欧洲各国之间进行的同盟战争对全世界都有举足轻重的意义；再次，欧洲战场是第二次世界大战的主战场。尤其是双方"老大"交战的苏德战场，从斯大林格勒到库尔斯克，从布达佩斯到布拉格，战役规模之大，次数之多，杀伤之巨，举世罕见，远非东亚、北非等地的一系列战役所能比拟。

而中国虽然身处远东，但作为同盟国一方的重要国家，与欧战爆发及其随后的进程有着密切关联。贫弱的中国要想求得生机，除了中国军队自身艰苦卓绝的努力，还必须谋求国际力量的支持。马军指出："不谋全局者，不足以谋一域。做中国抗战史研究，如果缺乏全球视野和世界眼光，就不足以客观、公正、透彻地理解抗日战争。"

而在 1939 年以前，中国就已经被迫开始抵抗日本帝国主义侵略，但作战范围毕竟有限，也没有如欧洲一般引起连带的地域效应。反而是英、法对德国宣战，消除了苦战两年之久的中国军队的孤独感，增强了继续抗战的信心。

在马军看来，中国抗战以弱抵强，坚不投降，付出了巨大的民族牺牲，固然令人敬佩，但也必须要承认，当时的中国毕竟还是一个非工业化国家，它在第二次世界大战中的地位和作用，及其与主要盟国和欧洲战场的权重关系，必须予以忠实、准确的估计。

此外，研讨会还设置了"抗战中的国际关系""第二次世界大战中的世界与

中国""抗战专题研究""战时科技与变化""战争与都市""战争与乡村""战后问题""历史书写""战争记忆"九个分论坛。研讨会期间，学者们将会从各主题、各角度对抗战史与二战史展开深入研究与探讨。

（原载澎湃新闻，2019 年 8 月 28 日）

《铭史如诗》：方诗铭先生诞辰 100 周年

彭珊珊

历史学家方诗铭先生（1919—2000）是上海社会科学院历史研究所成立后的第二位正所长，是历史所办学术期刊《史林》的第一任主编。在个人的研究工

会议海报

作之外，他对该所学术建设的路径、方向和特点曾贡献出许多宝贵的实践与经验。近日，上海社会科学院历史研究所举行了"方诗铭先生诞辰 100 周年纪念册"发行式，纪念册《铭史如诗》收录了方诗铭先生的传略、文章、亲友回忆等文字。

师从顾颉刚先生

方诗铭于 1919 年出生于四川成都一个富裕家庭，从小在父母熏陶下博览群书，在进入山东齐鲁大学之前喜欢读《古史辨》，对作者顾颉刚先生十分崇敬，因而选择上古史作为专业方向。

抗战时期，齐鲁大学迁至成都，顾颉刚先生就在成都的齐鲁大学为历史系学生开设"中国地理沿革史""春秋史"两门课，方诗铭先生都曾选读。顾老对其十分欣赏，在给顾廷龙的信中称他"学问甚好，将来必露头角者也"。

1945 年，方诗铭于齐鲁大学历史系毕业，由顾颉刚推荐，在重庆附近的北碚修志馆工作，并在中国出版公司兼职。一年后转到顾老任所长的苏州文通书局编辑所担任编辑，当时的副所长是白寿彝。从此，先生从四川来到苏州，开始了他学术生涯的重要时期，主要工作是编辑《文史杂志》和《文讯》月刊。

1948 年，他到上海工作，先后在上海博物馆、上海市文物保管委员会任职；自 1957 年 2 月进入上海社会科学院历史研究所后，长期从事中国古代史研究。1978 年，社科院历史所完全恢复正常运转和研究工作，方诗铭先生曾先后出任室主任、所长、名誉所长、所学术委员会主任等职。

横跨古代史与近代史的研究

个人的兴趣加上历史的际遇，使得方诗铭在研究范围上横跨了中国古代史和中国近代史的诸多领域。他的著作包括《上海小刀会起义史料汇编》（1958年）、《上海小刀会起义》（1965 年）、《中国历史纪年表》（1979 年）、《古本竹书纪年辑证》（1981 年）、《钱大昕》（1986 年）、《中国史历日和中西历日对照表》（1987 年）、《曹操·袁绍·黄巾》（1995 年）、《三国人物散论》（2000 年），等等。

关于方诗铭在中国古代史研究领域的贡献，张仲礼先生曾有这样的概括："一是在充分利用、发掘文献资料的基础上，对魏晋、三国时代政治、社会史深入研究，如专著《曹操·袁绍·黄巾》《三国人物散论》及有关论文，观点新颖、见解独到。二是运用地下史料（出土文物）和文献史料相结合的方法研究简牍，主要成果是著作《古本竹书纪年辑证》及论文。三是研究中国古典文学，'文史不分家'，反映诗铭先生广博的学识。他研究古典文学，对其版本和所涉及的历史背景均作深入考证，认为古代的文学作品，也反映了当时的社会状况，他的不少文章都意图通过文学作品来研究历史问题。"

而他在近代史研究领域中所取得的成绩，尤以 1960 年代撰写的《上海小刀会起义》负有盛名。

方诗铭先生的女儿方小芬在回忆文章中写道："父亲研究中国近代史，是在上海博物馆工作的缘故。由于比较多地接触上海近代历史资料，到历史所以后，就提出研究'上海小刀会起义'这个课题。研究成果表现为两种形式：一是资料集《上海小刀会起义史料汇编》，二是著作《上海小刀会起义》和相关论文。父亲是《上海小刀会起义史料汇编》的主持人，历史所多位学者参与，这是历史所成立以后规划的重大课题，作为主要负责人，他对资料收集的角度、范围，对资料的编排作了精心策划，这体现了他对小刀会事件理解的深入。"

历史所"第一桶金"的主事人和《史林》第一任主编

上海社科院历史研究所研究员马军在发言中表示，方诗铭先生是历史所"第一桶金"——《上海小刀会起义史料汇编》（1958 年）的倡议者和实际主持人。

1958 年出版的《上海小刀会起义史料汇编》是关于小刀会起义的第一部较为翔实的资料汇编，也是上海社科院历史所第一部在社会上有重要影响的大部头资料集，"小刀会史料的出版为历史所的研究工作开出了一条路，历史所可以说就是以小刀会起家的"。

纪念册收录了方诗铭亲自撰写的《收集 1853 年—1855 年上海小刀会起义资料并编辑〈资料集录〉建议》，体现了他对这一选题的深度参与和规划。

不久前，马军研究员又在研究室发现了两本黑色的记录本，里面有方先生在 1959 年的许多讲话，显然他也是"文革"前历史所的另一重大成果《五四运动在上海史料选辑》(1960 年)的重要参与者。

此外，方诗铭先生还是历史学专业期刊《史林》的第一任主编。这份期刊由上海社科院历史所主办，《史林》创刊号于 1986 年 4 月问世，是当时上海第一份专门刊发历史学专业研究成果的杂志。

马军研究员回忆，他 1992 年在《史林》编辑部担任编务时，副主编杨善群老师每隔两三个月会编定新一期的用稿目录，然后命他拿到当时担任主编的方先生面前，请其审阅、定夺。"当时方先生七十有余，早已从领导岗位上退了下来，但仍是所里的一位研究员。他戴着深度眼镜，身材瘦削，沉默寡言，除了参加全所大会外，很少走出古代史研究室。"

"方诗铭先生对历史研究所的贡献是至大的……未来历史研究所将如何发展？将走怎样的道路？这是摆在我们面前迫切而现实的问题。俗话说，知古鉴今，这也正是我们今天在这里纪念方诗铭先生并发行其纪念册的一大意义。"马军说。

（原载澎湃新闻，2019 年 10 月 22 日）

梁元生教授来历史所演讲

徐　嵩

2019 年 10 月 16 日和 18 日，香港中文大学历史系讲座教授、曾任该校崇基学院院长和文学院院长的梁元生教授受邀来到上海社会科学院历史研究所，做了两场主题分别为"我的上海研究之路"和"林乐知与尹致昊的沪上因缘"的讲

演讲海报

座。院内外数十名师生到场聆听。梁元生教授虽已年过 70，仍然不辞劳苦地来沪开展学术交流，激发了大家对于上海史的研究热情。

在第一场讲座中，梁教授详述了自己的求学经历。他早年在香港中文大学本科求学期间，对中国史的各个阶段有着广泛的兴趣，特别是近代史。当时学校对于学生修习学分，规定只要量力而行即可，不像现在多修学分还需要学校批准。三年级时在王德昭老师的指导下，他选修了"明清中西交通史"，对明末江南地区李之藻、徐光启等士大夫接受西方传教士福音和西学，成为"奉教士绅"这一历史现象产生了浓厚的兴趣。他由于用清代奏疏体的方式回答了王老师提出的问题，展现了自己不错的古文功底，故而得到了王老师的赏识，被选拔为近代史研究生。但也因此很遗憾地与张德昌老师失之交臂，未能跟随其研究明清经济史问题。

作为前辈学者，梁教授向我们讲述了大数据时代到来之前历史学者的治学方法。他指出，治学必须眼疾手勤，要多读重要史料，做到多种版本兼读。在大学时期，他一周五天时间做夜校兼职教师，所得收入除供生活所需外，大部分流入香港的龙门书店，用于购买清政府江海关研究报告等再版图书。龙门书店有罗球庆先生的股份，可以给按照老师指定书单购书的学生打折。此外，他还曾委托有机会赴台湾交流的朋友带回李约瑟所著的全套《中国科学技术史》。

梁教授还以切身经历说明了做卡片的重要性。他当年以美国传教士林乐知（Young John Allen，1836—1907）为切入点研究上海史时，是通过系统阅读《教会新报》《万国公报》并抄录卡片来整理林氏的思想情感、文化活动和人际交往网络的，由此得以了解到 19 世纪末上海社会生活的场景。梁教授在上世纪 80 年代于国立新加坡大学任教时，曾将 1881—1920 年出版的《叻报》全部阅读完毕，并抄录卡片，还自费购置了一套 1921—1940 年出版的《南洋商报》用于参考，以此就基本厘清了当时南洋华人社会和英属海峡殖民地的历史。这些报纸当时存放于梁的私宅，足有半屋之多，因新闻纸纸质老朽，翻动即碎为粉末，常常很难使用。梁教授还提到了自己的朋友、台湾"中研院"的学者李恩涵研究员。李前往我国香港和美国讲学时，随身要携带三万张以上的卡片，以便查阅。这种专心埋首于故纸堆的刻苦坚韧，着实令今天在电脑前点点鼠标即可轻松获得所需资料的年轻学者佩服不已。

梁教授又提到了自己从事上海史研究的缘由。一方面，1949 年以后来到香港的移民中有许多人原籍上海，他们及其后裔在商界、政界和学界均占据着重要地位，梁由此产生了兴趣。另一方面，他借由明清时期的徐家汇，入教会史和基督教史，得以"结识"了林乐知——一位来自美国南方的传教士，由此成为香港地区研究林乐知和《万国公报》的第一人，并最终出版了《林乐知在华事业与万国公报》一书（1978 年）。直到今天，梁教授仍然认为有必要继续研究林乐知服务的美国监理会与卫理公会的关系，还有就是其传教过程中为什么能与苏州籍教民建立良好的关系。在演讲中，梁教授顺便提出了一个令人深省的问题，即原本一些是为贫困教民子弟提供服务的教会义塾，为何后来会演变成收费昂贵的贵族学校？就像香港的圣保罗男女教会中学那样。

几十年过去了，上海史研究已经成为一门显学。梁教授陆续提到了国际上一些著名的上海史研究学者，有白吉尔、魏斐德、瓦格纳、安克强、卢汉超，等等。他说自己早年在研究上海史时，为了能看到上海公共租界工部局的原始英文档案，曾得到过美国魏斐德教授的慷慨帮助。

梁先生目前的研究兴趣之一是"粤人在上海"。在上海开埠的早期，粤籍人士的活动占据了舞台的重要一角。吴健彰出任上海道台前，是美商旗昌洋行的粤籍买办；刘丽川等小刀会起义首领也有不少是广东人。20 世纪 20 年代逐渐成形的四大百货公司的母公司均在香港，其经营管理层和当时《良友》杂志社的主编等一干社会名流也均为粤籍人士。所以，研究粤籍人士在上海进行的政治、经济、文化活动及其影响，是一个有价值的课题。

讲座结尾时，大家纷纷就港澳台地区对上海史的研究重点为何从大事件转向文化史，不同地区的文化碰撞如何带来收益，以及应该如何寻找缺失的资料等问题向梁教授提问，梁教授逐一给予耐心的解答。

在第二场讲座中，梁教授戏称，"美国进士""大胡子"林乐知是他大学时期的"初恋"。他进而介绍了林乐知的生平和他在华传播西方文化的主要贡献：创办《万国公报》，宣传基督教义和西方文化；开办中西书院，培养通晓西学的新型人才，以及林乐知在中西书院的杰出弟子和基督教传教事业的继承者——朝鲜开化派政治活动家尹致昊的生平。后者因刻苦学习备受林乐知和其他外籍教员赏识，在师长潜移默化的熏陶下摈弃诸多恶习，成为第一批皈依基督教新教的朝鲜人，并在毕业后获推荐前往美国深造，1893 年代表朝鲜参加在美举行的世界基督教会议。甲午战争后，尹致昊应召返回祖国，积极参加了独立协会的活动，致力于启蒙民众、争取国权。后来又致力于教育和宗教事业，参与创立了朝鲜基督教青年会，成为朝鲜近代史上著名的思想家、教育家和宗教活动家。在 1907 年林乐知去世前，尹致昊一直和恩师保持着密切联系。

梁教授指出，虽然林乐知创办的中西书院培养了一批适应近代社会发展需要的人才，在促进中西方文化交流方面堪称成绩斐然，但受限于当时中国的社会现状，办学成果依然是不无缺憾的。首先，书院章程虽然标榜"中西并重"，然西学课程新奇实惠，学员多致力于学习西学特别是英语，以图早日毕业后能进入洋行做买办赚大钱，毕业生普遍对中学不甚了然。林乐知办学初期的美好愿望终究不敌社会以实用为先的价值取向。其次，自中西书院建校以来，像尹致昊一样毕业后赴欧美深造学习神学，归国后献身于福音传播事业的毕业生仅有寥寥数人。大多数学生在校时间很短，掌握了足够求职的英语知识即毕业离校，基督教很难对他们的品格产生影响。后来著名的教会大学，如圣约翰大学，始终坚持小规模办学和非职业化学校的宗旨，坚持认为教育的最大使命在于"生命之丰富"和"性格之培养"，这不能不说是吸取了中西书院办学的教训。

（原载"上海史研究通讯"微信公众号，2019 年 11 月 4 日）

赛先生在中国：中国科学社与近代中国的"科学救国"

彭珊珊

20 世纪初，科学革命对社会发展和人类生活展现出了颠覆性的影响，这极大地刺激了正在欧美留学的中华学子，"科学救国"成为他们的共同认知。他们办社团、译新书、印报刊，将科学技术及其体制、精神输入中国，并由此建立中国科学技术体系，中国科学社应运而生。

中国科学社（The Science Society of China），1914 年 6 月 10 日由留学美国康奈尔大学的胡明复、赵元任、周仁、秉志、章元善、过探先、金邦正、任鸿隽、杨杏佛等九人创立，后发展成为近代中国延续时间最长、规模最大、影响最广泛的综合性学术社团。

上海社会科学院历史研究所研究员张剑所著《赛先生在中国——中国科学社研究》就是一部针对中国科学社的系统性研究著作，该书通过中国科学社的创立、发展及成员分析，剖析近代中国的科学体制与社会环境。

此外，中国科学社自 1914 年成立至 1960 年结束，保留了大量档案资料。张剑研究员与上海市档案馆邢建榕、何品、王良镭，复旦大学档案馆周桂发、杨家润，中国近现代新闻出版博物馆林丽成、章立言，上海科学技术出版社段韬等组成"中国科学社档案资料整理与研究课题组"，目前已选编出版《书信选编》《董理事会会议记录》《发展历程史料》，并将继续整理出版相关档案。

张剑著,《赛先生在中国——中国科学社研究》（上海科学技术出版社，2019 年）书影

中国科学社档案

11 月 3 日,《赛先生在中国——中国科学社研究》新书发布暨 "中国科学社档案资料整理与研究丛书" 座谈会在上海社会科学院举行。王家范（华东师范大学）、关增建（上海交通大学）、邢建榕（上海市档案馆）、张晨（上海科学技术出版社）、戴鞍钢（复旦大学）、林丽成（中国近现代新闻出版博物馆）、段韬（上海科学技术出版社）、范庭卫（苏州大学）、何品（上海市档案馆）、王良镭（上海市档案馆）、袁哲（东华大学）、陶培培（东华大学）、裘陈江（上海中医药大学）、王君（上海书店出版社）、张毅颖（上海科学技术出版社）和上海社会科学院历史研究所程念祺、周武、马军、施扣柱、沈洁、江文君、段炼、赵婧、冯志阳等学者与会座谈，对中国科学社、科学史及近代中国社会的变革进行了交流探讨。

历时 25 年的中国科学社研究

张剑研究员在发言中回顾了自己从事中国科学社研究的历程。他自 1990 年代在复旦大学读硕士期间即开始对中国科学社的史料进行搜集和研究,后辗转中国科协、上海市档案馆、中国近现代新闻出版博物馆、复旦大学档案馆等陆续完善资料,然后在博士论文的基础上大幅增订,形成近百万字的著作《赛先生在中国》。他在会上分享了对中国科学社发展中若干问题的思考,包括科学与民主、学术与政治、社团与政治的关系。在发言的最后,他回忆起学术生涯中的三位恩师——复旦大学历史系教授沈渭滨先生、华东师范大学终身教授王家范先生和中国科学院科技政策与科学管理研究所研究员樊洪业先生——在其求学和治学道路上给予的关怀和帮助,令人动容。

因身体原因正在住院的王家范先生当天意外地出现在座谈会现场,对与会者而言是个惊喜。他充分肯定了张剑研究员对中国科学社 25 年如一日的钻研,并在谈及这本书的价值时表示,德先生、赛先生互动交融的问题,在今天看来也没有过时,需要在新环境下进一步讨论。"这个课题研究的延长线很长,不是把资料做完就完了。这个延长线对人文科学、自然科学的进一步发展都是有帮助的。"

关增建、邢建榕、戴鞍钢、林丽成、何品、段韬等与会学者也在发言中对这一课题的延伸与扩展表达了期待。

上海科技出版社副总编张晨在发言中表示,当今社会科技展现了无穷的潜力,其影响社会的深度广度速度前所未有;而推动科技发展的重要因素——科学体制,正是《赛先生在中国》以中国科学社为例重点研究的。"研究中国科学社,可以了解近代中国社会巨变期科学社团的创立与发展、中国科学的发展,更加重要的是作者从科学社会学角度分析了科学发展与制度创新、与社会经济文化的互动,从而彰显这一研究的理论价值和

王家范先生(左三)

现实意义。"张晨说。

"缺席"的科学史与科学家

上海社会科学院历史研究所研究员周武认为，"对近代中国造成根本性影响的是科学技术。但在以往的知识分子研究中，往往以人文知识分子为主，对这些理工科知识分子的研究是缺席的，这是很大缺憾。中国科学社这个群体恰恰是当时由最前沿的自然科学知识分子组成的团体。这个团体在近代化过程中作用很大，国内自然学科体系从无到有的建设过程，都是由这些科学家完成的"。

周武表示，张剑研究员本科修地质学，研究生转而攻读历史学，他接受了自然科学和人文社会科学的双重训练，这样的知识结构和学科背景使他得以胜任这一科学史的研究课题。这一研究打破过去的定式，不仅关注人文知识分子，也关注科学家——这些科学家是真正把中国带向世界的一批人。而历史研究者如果不懂自然科学，就很难真正理解科学对社会更新、社会革命、工业化发展的影响。

上海交通大学历史系关增建教授长期从事中国科技史研究，是中国计量史研究权威。他对周武先生的看法表示赞同，指出科学技术对中国社会发展的影响"是第一位的"，甚至一些政治事件的变化也与科学技术关系密切，更凸显科技史研究的重要性。

"对中国社会来讲，科技是推动社会发展的动力，尤其在近代史、当代史进程中特别重要。西方科学技术大规模进入中国大致有两个阶段：一是以利玛窦为代表的一批人引进西方古典科技，二是从清末到民国这段时期，近现代科技进入中国，对中国人的心态、对整个中国社会都造成大规模的影响。"关增建谈到，在第二个阶段，科学技术发展的建制化非常重要——或者说，学界本身的联合、科技社团的出现非常重要。"现代科技的形态，包括科学术语、对待术语的习惯和传统，很多是拜当年中国科学社成员所赐。因此，张剑研究员的这一研究值得关注。并且期待有更多后续工作，中国科学社是民国时期的科技社团之一，希望有更多社团的资料梳理工作开展起来。"

复旦大学历史系教授戴鞍钢在发言中表示，"科学技术实实在在推动了近代中国社会的进步，但我们的研究仍偏向精英阶层。大众对所谓的'西学'，对所

谓思想、主义、理念其实是隔膜的，对'西器'则有亲身感受。我们今天非常关注前沿的科技进展，反观对近代中国社会的研究，则必须补上这一课。从这一点来说，《赛先生在中国》非常重要"。

"科学救国"在近代中国的困境

上海社会科学院历史研究所副研究员程念祺的发言着重讨论了"科学救国"在近代中国的困境。

程念祺指出，近代中国大大落后于西方，这种落后是全方位的，但穷和弱是首先要解决的问题。在这样的背景下，学习和发展科技的问题被自然而然地提出；然而到底是用科学来救国，还是用救国来发展科学，这是救国问题上面临的两种思路和主张。

一方面，从欧美留学回来的一批学生组织中国科学社，他们的根本目标是改变国家穷和弱的状况，提高国民素质。对于他们的作为，张剑先生有一个定性——建立走向世界的通道。中国科学社提出，退还庚款在中国所办的事业，必须是中国最根本、最急需的，能为谋求学术独立的永久基础，能增进全世界人类之幸福事业。程念祺认为，"学术独立的永久基础"这一问题的提出，说明这些欧美留学精英创建中国科学社的立意很高、视野广阔，对科学救国有远见，已从根本上认识到一个国家没有科学，在近代世界是不可能立足的。

但是也有另一种认识，认为首先应当用政治救国，即通过革命手段建立服从于统一制度和政令的国家，用国家力量来推动一切事业的发展，科学发展也概莫能外。程念祺指出，这也是一种思潮，并且在当时正在变成一种主流。

"在这种革命主流面前，科学救国的精神注定不能成功，必然为政治救国的潮流所压倒。所以在穷、弱环境中，中国科学社的志士仁人筚路蓝缕以启山林的基础工作虽然卓有成效，但并不适应奋起直追的历史呼声和要求。因为科学技术要转化为生产力，不仅需要时间，而且需要资本。这些都需要经过革命来集中国家权力才能办到。正因如此，'科学救国'的精神在当时只是一个微不足道的科学共同体的精神，恐怕在社会上并无很大影响。更重要的是，科学精神本身在很多大众、政治家那里无足轻重。当时中国社会讲的是眼前的有用、无用。我们常说'救国压倒启蒙',其实启蒙最根本的就是使人们普遍具有科学思维能力。如果没有科学思维的能力,无论是救国还是启蒙都会成为灾难。"程念祺说。

程念祺表示,《赛先生在中国》一书以中国科学社缘起、艰难曲折的发展及其中人事变化等种种因缘际会,展示了中国科学家在穷、弱、动荡不安的国家与社会中的种种繁复面向,以及中国科学社最终如何消解、纳入全新的体制,科学家们如何在这个新体制中从事科学研究的过程。这个研究不仅框架完整,内容丰富生动,而且将各种问题梳理得井井有条,把科学与近代中国的关系演变及其面临的困境讲得生动而意味深长。

(原载澎湃新闻,2019 年 11 月 21 日)

《上海史》出版 30 周年：国内外第一部完整的上海通史

1989 年 10 月，国内外第一部完整的上海通史在上海人民出版社正式出版，定名为《上海史》。该书叙述了上起陆地形成、下迄 1949 年 5 月期间的上海历史，由唐振常先生主编，沈恒春、吴德铎、谯枢铭、陈正书、郑祖安、熊月之、卢汉超、李天纲担任主要撰稿人，从 1983 年开始编写，历时五年完稿，在上海研究的学术史上有独特的意义。

近日，上海社科院历史所现代史研究室举行"《上海史（1989 年版）》出版 30 周年"纪念座谈会，与会学者回顾了《上海史》的出版过程及学术意义，以及未来上海史研究的方向。座谈会由上海社科院历史研究所现代史研究室主任马军主持。

与会学者指出，《上海史》的学术意义在于从上海的历史实际构思全书框架，而不是机械地按照中国通史的既有模式作填充式的图解。

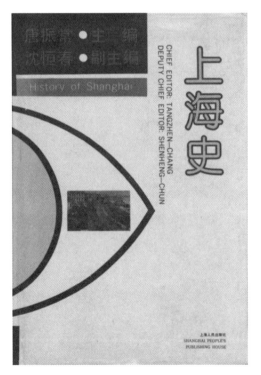

《上海史》封面（上海人民出版社，1989 年）

《解放日报》高级编辑丁凤麟先生曾撰写评介文章《一幅完整的历史画卷——〈上海史〉评介》，于 1989 年 12 月 1 日刊登于《人民日报》。他在文中指出了《上海史》的创新性：在历史分期上，坚持将上海近代史的发展阶段分为"1842 年 6 月中英吴淞之战至 1911 年 11 月上海辛亥起义成功""1911 年 11 月至 1927 年 7 月上海特别市成立""1927 年 7 月至 1949 年上海市解放"三个历史阶段，避免套用史学界通用的以 1919 年五四运动为界标划分近代前后两阶段的标准，从而更能符合上海历史发展的实际。

另外，租界问题也是彼时学术界论证颇有歧异的热点，是撰写上海史不能回避的论题。《上海史》对此进行了较为审慎又深入的研究。编写者们并未满足于把租界视为"冒险家的乐园"或"侵略中国的桥头堡"等原有结论，而是从政治、经济、文化乃至市政建设等各个方面剖视租界对上海城市发展变化的复杂影响，既尖锐指出租界产生的消极作用，又肯定它在中国近代社会发展进程中产生的客观影响。

由上海社科院历史所现代史研究室主办的《上海史研究通讯》新刊第一辑（2019 年 12 月）刊登了《唐振常与上海史研究》(海客)一文，文中指出，租界史研究曾经是上海史研究中的"禁区"，以往的著作一涉及租界问题，或将其简单斥为"国中之国"，或称之为罪恶的深渊、冒险家的乐园。但 80 年代初，唐振常先生率先提出租界具有"两重性"的著名观点，主张全面客观地分析租界现象，曾经引起种种非议，但今天这一观点已经获得学术界人士的共识。

马军研究员在发言中指出，《上海史》的出版在上海社科院历史所的所史上也有特别的意义。"自 1989 年《上海史》出版以后，上海社会科学院历史研究所跃升为上海史研究领域的高地，还有学者提出了'上海学'的概念，力图将上海研究打造成像敦煌学那样国际知名的'品牌'。"

1989 年 10 月 20 日，历史研究所和上海人民出版社在社会科学院大楼联合举办《上海史》首次发行仪式，上海各界各单位的领导、专家、学者 110 余人到场。与会者评价该书为"一部了解国情、市情的教科书"，"是一部中国人自己写的上海通史，它以地方性、综合性、整体性为主题构想，系统地考察了从上海成陆到中华人民共和国成立的城市演变的历史"。现代史研究室至今仍保存印有相关报道的《历史所简报》1989 年第 11 期（1989 年 11 月 30 日印）。

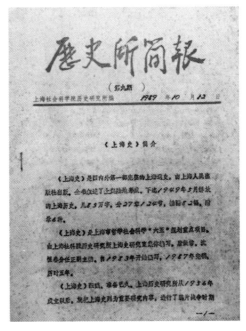

上海社科院历史所关于《上海史》简介的简报（1989 年 10 月 12 日）

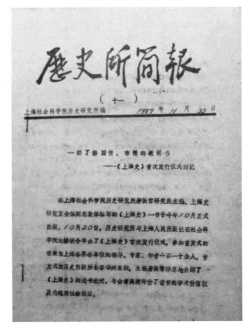

上海社科院历史所关于《上海史》首次发行仪式侧记的简报（1989 年 11 月 30 日）

上海社科院历史研究所研究员周武回忆了 30 年前初进历史所时参加这次新书出版座谈会的情景。

"当时编写《上海史》的先生们都有一种使命感。唐先生曾说，过去的上海史都是洋人编的，我们没有自己的上海史。在那以前上海通史只有两本，《古代上海述略》和《上海近代史（上册）》。唐先生非常敏锐，他认为要研究中国近现代史，必须研究上海史。他一开始想编多卷本《上海通史》，在改革开放之初就曾呼吁，并开讨论会，编写上海通史。后来觉得编多卷本时机还不成熟，于是决定先出一本。"

周武表示，纪念《上海史》的意义，不仅在于这本书本身，更在于上海史这一学科的发展。30 年前《上海史》的出版，让上海社科院历史所成为上海史的研究重镇，在这个领域里站住了脚，带来了巨大的声誉，也带来了在国际学术界上的话语权。《上海史》和《上海工人运动史》为上海史学科画出了最初的轮廓，现在上海史研究已大为深化，许多问题得到扩展，研究条件也比前一代人好得多，应该沿着他们奠定的路继续前行。

东华大学历史系教授廖大伟在会上表示，上海社科院历史所是上海史研究的重镇，历史所的特点在于做集体项目有优势，而上海史研究仍有广阔空间，应该继续探索。

上海史学科未来的道路该怎么走？与会学者认为，当下的研究在国际交流、史料获取等方面已经有良好条件，随着"上海热"的兴起，各高校也在这一研究领域投入了大量人力物力。而上海社科院历史研究所应充分发挥传统优势，利用自身已有的深厚积累，告别单打独斗、零敲碎打的模式，凝聚成一股力量拓展研究。另外，对于研究机构本身，在研究视野及手段的国际化、图书资料的电子化、刊物管理的专业化、学术行政管理的制度化等各方面，也应更适应网络时代提出的新要求。

马军还指出，21 世纪的 20 年代即将到来，而回溯 100 年前的 1920 年代，有过中国共产党成立、孙中山逝世、五卅运动爆发、北伐战争爆发、南昌起义、秋收起义、广州起义等波澜壮阔的历史事件，整个社会也经历了从北洋政府时代向国民政府时代的大转型。随着一个个百年纪念日的到来，"1920 年代"将成为中国近代史研究的热点，是值得相关研究机构重视的方向。

（原载澎湃新闻，2019 年 12 月 31 日）

疫情让我们安心做学问出成果

——2020年9月28日在"迎国庆"新书（12种）发布式上的讲话

马　军

各位学界的朋友：

　　大家好！国庆前夕，感谢大家来参加我们现代史研究室主办的新书发布式。

会议海报

说来奇怪，此次新冠疫情迄今已经九个月了，也就在这九个月里，我们研究室正式出版了 12 种新书，开创了一个历史纪录。这当然不是疫情的功劳，而首先是室内同人长期努力、彼此协同、共度时艰的结果。《海外与港台地区中国抗战史研究理论前沿》一书酝酿于 2015 年年底，历经五年，昨天我们才刚拿到样书。蒋宝麟同人为之付出了很大的心力，《红映浦江》和《抗日战争史研究新趋向》也主要是在他的实际主持下完成的。张剑同人、江文君同人负责主编的《现代中国与世界》是本研究室的室刊，他们在推出了高质量的第二辑后，目前正在为第三辑收稿，力争精益求精，进一步扩大在学术界的影响力。《上海史研究》是本研究室的另一份室刊，段炼同人则是它的实际主事人，该刊着力于弘扬唐振常先生曾经领衔的上海史研究事业，为复兴历史研究所的固有强项而不懈努力。

虽然本研究室资金有限，外在各项条件亦不理想，但由于始终依托前辈们留下的丰厚的学术积累，再加同人们焕发出的工作热情，才得以有此出版成绩。其间，我们特别注重获取外援，这也是最宝贵的经验之一。《我所了解的国际汉学界》一书，由于是为上海社科院的老院长张仲礼先生编纂文集，故而得到了院老干部办公室的出版经费；《炉火正红》则由上海书店出版社出面申请，荣获了上海文化发展基金会的资助；《红映浦江》与《旧稿拾遗》分别是本室和静安区文物史料馆、复旦大学历史系深度合作的成果；至于《上海法租界史研究》，我们特邀上海师范大学历史系的蒋杰副教授（留法博士）担任执行主编。

我们另一个重要的经验是，出版品要因应时代的呼声。目前，"四史"教育正在全国范围深入开展，红色书籍有很大的社会效应和市场需求，故而我们已经打出提前量，率先推出了《红映浦江》和《炉火正红》。今天，我们将它们呈现出来，向国庆 71 周年的红色日子献礼。事实上，它们也是明年本研究室向建党 100 周年献礼的排头兵。我现在可以负责任地告诉大家，本研究室已经为 2021 年的百年献礼做好了充分的准备！

在这里，我还要向上海社会科学院出版社、上海书店出版社、学林出版社和线装书局，致以特别的敬意和谢意，它们都是本室的"老关系"，没有这四家的鼎力支持，我们的这些小书是难以及时、保质面世的。这里，我很愿意提一下责任编辑们的名字，他们是于建平、张冬煜、陈慧慧、章斯睿、邓小娇、马丽娟、

董汉玲、张晶、胡雅君等。感谢你们!

艰难的 2020 年会很快过去,经过现在的盘点和筹划,我深信 2021 年本研究室将取得比 2020 年更加显著的出版业绩,届时请大家一定要特别留意赵婧同人、蒋凌楠同人和甘慧杰同人的新书。

好的,我就说到这里。请大家继续支持我们,请对 12 本小书多多指点、批评。

光荣属于有着 60 多年历史的现代史研究室,属于为本研究室奉献了青春和年华的所有先辈们。

附新书(12 种)信息:

《上海法租界史研究》(第三辑)

马军、蒋杰主编,上海社会科学院出版社,2019 年 3 月

《旧稿拾遗——上海工厂史料两种》

复旦大学历史学系、上海社会科学院历史研究所著,陈雁、马军整理,线装书局,2019 年 10 月

《现代中国与世界》(第二辑)

张剑、江文君主编,上海书店出版社,2019 年 12 月

《我所了解的国际汉学界》

张仲礼著,马军编,上海社会科学院出版社,2020 年 3 月

《红映浦江:上海工运历史研究》(第一辑)

上海市静安区文物史料馆、上海社会科学院历史研究所现代史研究室编,上海书店出版社,2020 年 5 月

《上海史研究》(三编)

马军、段炼主编,学林出版社,2020 年 6 月

《铁门内外:对上海两租界一项公共防卫措施的研究(1925—1946)》

马军著,上海社会科学院出版社,2020 年 8 月

《工运史鸣辨录续编》("炉火正红"之一)

沈以行著,马军编,上海书店出版社,2020 年 8 月

《上海工运风云集》("炉火正红"之二)

姜沛南著,马军编,上海书店出版社,2020 年 8 月

《中国工人运动史讲义》("炉火正红"之三)

郑庆声著,马军整理,上海书店出版社,2020 年 8 月

《海外与港台地区中国抗战史研究理论前沿》

马军等著,上海社会科学院出版社,2020 年 10 月

《抗日战争史研究新趋向》

上海社会科学院历史研究所现代史研究室、上海社会科学院"中国现代史"创新型学科团队编,上海社会科学院出版社,2020 年 10 月

12 种新书书影

(原载"思想界"微信公众号,2020 年 9 月 29 日)

在五种学术阻力面前

——2020 年 11 月 30 日在《李亚农古文字研究四种》发布式上的讲话

马 军

各位朋友，各位同事：

上午好！

今天我们在这里举行《李亚农古文字研究四种》的发布式，具有多方面的用意。李亚农先生生于 1906 年，少年时期即赴日本谋生，曾在京都帝国大学文学部求学。30 年代归国后，撰有研究甲骨文和金文的著作四种，即《铁云藏龟零拾》《殷契摭佚》《金文研究》《殷契摭佚续编》。本书就是它们的合集。众所周知，在中国古文字研究领域，李亚农的名字一直占有独特的地位。

李亚农先生早在日本留学期间，即加入中国共产党，从事革命活动。抗战军兴，又投笔从戎，作为新四军

会议海报

敌工部副部长，在大江南北为祖国的独立和自由而战。从这个意义上说，他又是一位名副其实的红色历史学家。

作为上海社会科学院历史研究所的首任所长，他的建所方针和治学理念，对于本所的早期发展具有底定性的影响。即便是 60 多年后的今天，在我们历史研究所的会议室、走廊、图书资料室，仍然能感受到李所长遗韵犹在。

有鉴于此，本书的整理和出版具有学术史、党史和所史的多重含义。

纵观李亚农先生的一生，在学术上曾遇到过三大阻力。其一是中日战争爆发，他不得不中断自己酷爱的古史研究，投身于硝烟战火，军旅生涯约 10 年之久。其二是上世纪 50 年代末随着"历史研究为无产阶级政治服务"愈演愈烈，作为所长的他，面对高压虽内心强烈抵触，但有时也不得不做违心之语，以致去世后仍被极"左"势力定为"漏网大右派"。难怪后来有人感叹，"李亚农幸亏是在 1962 年去世了，否则他的身体绝对扛不住'文革'的折磨"。其三，便是他正当学术盛年，就因患重病而不得不长期休养，乃至最后抱憾早逝。

战争来袭、政治高压、健康受损，都像恶魔的影子，时时尾随在学术女神的背后……

李所长在生前当然不会想到，我们这些他的"后人"，几十年后又遇到过另外两大阻力。其一是上世纪八九十年代经济大潮冲击学术界，读书无用论盛行，学者们收入低、出书难，以致弃学从商者不在少数。其后果甚至影响至今，本所五六十岁的人才相对稀缺，就是那次大冲击的结果。其二便是近一二十年来行政机构对学术工作的"乱管理""瞎管理"。换言之，极端功利、短视乃至荒谬的"新"制度滋生了严重的腐败，对学术共同体造成了难以修复的伤害。在日常生活中，我们经常可以见到，一项项极不合理的奖惩法规，就像一只只看不见的手，是如何伤害学者们的尊严，败坏他们的心灵，又是如何重创学术研究原有的综合布局的。

学术研究，作为人类探知真理的意识之美，古往今来，总是受到各类丑恶的干扰。无论过去、现在，还是将来，阻力和困扰都是常态，只是形式有所不同。但有一点是相同的，那就是真学者从来不会去同流合污，也不会缴械归降，而是

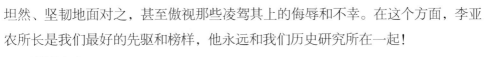

坦然、坚韧地面对之，甚至傲视那些凌驾其上的侮辱和不幸。在这个方面，李亚农所长是我们最好的先驱和榜样，他永远和我们历史研究所在一起！

　　谢谢大家！

（撰于 11 月 28 日）

　　（原载"上海史研究通讯"微信公众号，2020 年 11 月 30 日）

"上海所见的亚洲太平洋战争"学术工作坊

79年前的12月8日，就在日本联合舰队偷袭珍珠港的稍后时分，侵沪日军攻击了黄浦江上的美、英军舰，并且闯入市中心的公共租界。"'孤岛'时期结束了，作为东方第一都市的上海随同远东各地一起步入了亚洲太平洋战争时期。"

会议海报

上海社科院历史所现代史研究室主任马军近日在上海社科院举行的"上海所见的亚洲太平洋战争"学术工作坊开幕式上回顾这个特殊的历史时期，他表示，随着日军开始全面控制城市，上海进入了近代以来政治上最黑暗的时段，但也隐约看到了转机。

半个多世纪以来，围绕这场战争的研究从未停止。除了在外交、军事等领域探讨民族国家视角下的宏大叙事，一部分当代研究者开始把目光转向普通民众的生存状态与内心世界，观察战争给百姓生活造成的切实影响。太平洋战争以珍珠港偷袭为先导，以日本投降告终，但战争造成的问题并没有随之消失，战后的接收与审判以及相关遗留问题影响亚洲社会至今。在 12 月 7 日举行的"上海所见的亚洲太平洋战争"学术工作坊上，与会学者对上海视角下的太平洋战争、战争阴影下的日常生活、战后的接收与审判等问题进行了研讨。

战争阴影下的生活图景

上海社科院历史研究所研究员江文君以上海公共租界工部局工业社会统计处的统计资料为中心，探究"抗战时期上海中产阶级社会生活状况"。他的研究涵盖了 1937—1941 年间上海作为中产阶级的职员以及工人家庭的情况，数据涉及家庭规模、饮食情况、平均收入、消费支出等。研究认为，1941 年太平洋战争爆发之前，一般上海中产阶层的日常生活状况尚能维持，但太平洋战争爆发后四年则通货膨胀、货币危机日益加深。他指出，1937—1941 年也是上海经济繁荣周期的顶峰。当时上海股票、房地产的相关指数都达到顶峰，呈现一种畸形的繁荣；一般市民生活大致稳定，粮食供应也较为稳定。1941 年太平洋战争爆发是一个重要的历史转折点——西方洋行大部分关闭了在沪业务，使得原来作为上海中产阶层重要组成部分的洋行职员群体土崩瓦解，十几万洋行职员一夜之间失业，这加速了上海中产阶层的无产化。

华东师范大学思勉高等研究院博士生郭子健考察了抗战前后"黔酒入沪"的背景及过程，文章以茅台为案例讨论了战争对特定行业、市场、消费格局的影响，选题颇受关注。研究追溯了地方土特产如何崛起成为备受精英阶层追捧的名品过程，而中日战争在其中扮演了至关重要的作用。报告认为，在战争导致的交通封锁、贸易壁垒、精英西迁，以及西南军阀政治秩序下的政商关系、人际网络等因素综合影响下，西南土酒随着国民政府回迁而热销上海，其品牌的地位得以确立。

上海师范大学都市文化研究中心副教授蒋杰的报告讨论了一·二八事变中的"失踪人口"。一·二八事变爆发后，上海公共租界东部的虹口、杨树浦等地区为日军全面控制，一部分中国平民未能及时撤出日军控制区，不幸沦为日军及武装日侨的攻击目标。日方以抓捕"便衣队"为由，大肆拘捕、扣押和虐待区内中国平民，其中一部分人惨遭杀害。具有一定社会影响力的人物如五洲大药房总经理项松茂，美国长老会上海鸿德堂牧师蒋时叙一家在被日军拘捕后亦下落不明。由于日方拒不承认扣押、杀害平民的事实，这个"活不见人，死不见尸"的群体成为所谓的"失踪人口"。蒋杰通过爬梳档案，综合幸存者证词、工部局的会议记录、上海领事团的调查文件以及日本士兵和亲历者的回忆等资料，追踪了这一时期"失踪"事件的来龙去脉，揭示了日方拘捕、扣押、虐待以至杀害众多无辜平民的事实。

"后世的人们在以各自的方式回忆、叙述和'生产'有关一·二八事变的记忆、信息与文本时，往往被大事件、大问题吸引。战争的起源、实力的对比、政治形势以及国际格局，都是人们津津乐道，反复消费的话题。"蒋杰在报告的结语中写道，"而为数众多的真正见证、体验和参与过这场战争的芸芸众生，却常常为史学家所冷落。"这群消失在 1931—1932 年冬春之交的"失踪者"们，在时隔 80 多年之后通过学术研究回到公众视野，在蒋杰看来，"以一种更为直观的方式让人们认清战争的残酷与暴虐"。

在报告中，蒋杰还展示了一组上海一·二八事变期间的照片，这些珍贵影像记录了日本武装人员拘捕中国平民的情形。关于论文中未讨论的问题，即日方所谓的中国"便衣队"——指身着便服的中国狙击手——是否存在，蒋杰表示，还需进一步资料来证明，与会学者也就相关问题进行了交流和讨论。

此外，宋庆龄陵园管理处研究室的齐超儒先生围绕民国时期嘉定人吕舜祥的日记，考察了一位乡村知识分子的战时生活。吕舜祥的日记记录了他从南下逃亡到"孤岛"任教再到蛰居乡村的过程，为基层民众在战争中的生活与心态提供了一个可供观察的案例。上海社科院历史研究所研究生徐嵩的报告围绕日伪在沦陷区开展的"清乡"运动中的竹篱笆展开，指出竹篱笆是日伪清乡暴政的象征，这与马军研究员的铁门研究共同构成"战时封锁"的主题。报告中探讨了日伪选用竹篱笆构筑封锁线的原因和过程，指出其施工快捷、取材便利、成本低廉，然而军事价值有限，更重要的作用在于心理上的压制。研究生潘岩的论文围绕国民党空军建军过程的重要节点和多重面向展开，研究生朱焘则就战时浙南研究的可能性与展望做报告，提出若干可考察的方向，包括浙南战事，地方军事政治，战时浙江工业内迁对当地社会结构的影响，战时浙南的民众生计与商贸活动，被日军利用、媚日群体的境遇，以及"壶碟会"等战时乡村秘密社会。上海社科院历史所研究员周武在点评中指出，日本发动亚洲太平洋战争，很大程度上的原因在于其崛起后对开埠以来欧美列强在上海建立的权力结构、利益格局以及在此基础上形成的、由欧美列强主导的东亚国际秩序的不满，而这种心理上的微妙变化，与1860年代以来日侨在上海的被边缘化经历有关。正是在这个意义上，上海成为日本发动太平洋战争的"导火索"。他在点评中表示，二战史的具体实证研究，应放在大的历史架构中去理解，其意义才会凸显。他鼓励与会的青年学者在完成实证研究的同时，以更广阔的视角来看待具体历史事件的前因后果。

战争之后的审判与接收

1945年日本投降，硝烟散去，另一种意义上的战争却远没有结束。对日本战犯的审判，对各大机关机构的接收，对战争造成伤害的追索与赔偿，其中的历史细节纷繁复杂，造成的历史遗留问题甚至直到今天仍在影响东亚社会。

上海师范大学历史系博士生蒋欣凯多年来专注于日本战后对华赔偿与归还研究，在此次会议上做了关于"战后日本归还文物的接收"的报告。上海市历史博物馆副研究员刘华的报告则聚焦于战后中国银行沪行接收清理伪行与复业的情形。浙江省抗日战争研究会会长王选、上海社科院历史所现代史研究室主任马军以及上海监狱管理局史志办的徐家俊先生分别围绕战后苏联对在押日本战犯的审判、美军军事法庭的审判以及国民政府上海军事法庭的审判做了报告。

王选女士常年为揭露细菌战真相及相关的跨国诉讼而奔走，此次她的报告围绕远东国际军事法庭国际检察局备案证据材料中的日本关东军战俘供词，以及 1949 年 12 月苏联在伯力举行的"前日本陆军军人因准备和使用细菌武器被控案审判"（简称"伯力审判"）展开。

1977 年开始，美国国家档案馆公开了一批有关日军 731 等部队细菌战以及相关的档案，其中有两名 731 部队人员（川岛清、柄泽十三夫）的英文供词翻译文本，由苏联检方于 1946 年向国际检察局提交。内容涉及该部队的人体试验、细菌武器的攻击战等战争犯罪行为。然而从供词编号上推断，应该还有两份文件被遗漏或者未公开。直到 40 年后，2017 年美国弗吉尼亚大学法学图书馆公开了远东国际军事法庭国际检察局美国检察官小弗兰克·塔文纳（Frank S. Tavenner，Jr.）的个人文献，另外两份供词才重见天日。它们分别是苏联在押战俘、关东军军医部长中将梶塚隆二、参谋长中将秦彦三郎证词的英文翻译文本，两份供述均有关日军关东军细菌战。这四位苏联在押战俘的供词历时 40 年才得以序列归档，这一细节也反映了二战中日本细菌战研究的复杂和曲折。

上述四名苏联在押战俘中，川岛清、柄泽十三夫、梶塚隆二后来都是"伯力审判"的被告。苏联不满美国独占日本细菌战人体实验技术资料，在远东国际军事法庭对日军细菌战战争犯罪未加追究，但在该法庭结束一年之后，于 1949 年 12 月 25—30 日，在苏联哈巴罗夫斯克市（中国称伯力）设立军事法庭，对 12 名在押日本关东军军人就准备和使用细菌武器进行了审判。

《伯力审判材料》在 1950 年以后陆续出版，发行各国。材料中，12 名被告均对日本军国主义战争犯罪予以谴责，忏悔个人参与细菌战的罪恶，并表示愿意承担责任。然而，由于冷战的原因，《伯力审判材料》在西方国家一度被视为苏联的宣传材料，不予置信，在日本也是如此。2017 年，日本 NHK 播放了有关"伯力审判"的纪录片《731 部队的真相——精英医者与人体实验》，利用了新发现的"伯力审判"法庭录音材料，有力地证实了《伯力审判材料》作为史料的可靠性。

另外，据王选了解，原苏联克格勃所藏当年对日军人员的细菌战审判资料、档案、证据，数量庞大，保存完整，已公开的《伯力审判材料》只是其中的一小部分。王选特别强调，在"伯力审判"的被告中，日军细菌战的核心人物之一佐藤俊二并未向法庭供述其曾经担任部队长的 1644 部队用活人进行人体实验的行为，也未供述其任广州"波"字 8604 细菌部队部队长期间命令部下用细菌毒害广州难民收容所香港难民的罪行。在 731 部队之外，在"伯力审判"材料之外，还有更多关于细菌战的真相远未为人所知。

马军研究员的报告围绕 1946 年上海美军军事法庭的审判展开。他以"泽田茂等在沪虐杀美国杜立德航空队飞行员案"为例，讨论上海美军军事法庭的审判，探析美、日军事司法的差异，及其背后的国家和社会因素。

1946 年 1 月，美军在上海提篮桥监狱设立美军法庭，审判战时日本军队在中国杀害、虐待美国被俘人员的相关案件。马军认为，作为开庭时间早于东京审判的上海审判，无论在战史层面还是在司法实践上都有独特的地位。在"泽田茂等在沪虐杀美国杜立德航空队飞行员案"中，1942 年，日军曾对八名美军飞行员俘虏判处重刑，最终四人死亡、四人获救；四年后，美国检方花费大量人力物力调查取证，最终确定四名日方被告，于 1946 年 2 月开庭。在大大小小 10 余次的开庭审理中，双方为法律问题做了长时间的辩论，但最终以对被告极轻的量刑判决告终。其中一名被告冈田隆平之子冈田舜平写下研究著作《两个战犯审判：杜立德案件是怎样审判的？》，复盘两个法庭的审判，通过比较展现美国社会和日本社会在运作制度和思维方式上的差异。马军研究员认为，这一案例具有"放大镜"式的研究意义，能够让人从中感受到国际法视野下战争问题的复杂性。

来自上海监狱管理局史志办的历史学者徐家俊曾先后在提篮桥监狱、上海市监狱管理局机关工作，其间搜集大量史料进行细致研究，其关于战后上海军事法庭对日本战犯审判的研究著作《审判从这里开始》即将出版。他在会上介绍了战后由国民政府设立的上海军事法庭。他表示，这是抗战胜利后全国 10 个审判日本战犯军事法庭存在时间最长（1946.03—1949.02）、审判日本战犯总人数及审判将级人员最多的一个军事法庭，在中国抗战史及审判史上具有重要的地位。上海还是各地军事法庭判决后，大量日本战犯的集中地和移送回国的遣送地。

上海军事法庭设在上海虹口江湾路 1 号第三方面军司令部原址四楼，成立于 1946 年 3 月 15 日。关于上海军事法庭审判日本战犯的总人数，有 183 人和 116 人两种说法，徐家俊根据多年研究及对被审判人员的逐个统计，认为第一个版本比较符合实际情况。他总结上海军事法庭审判日本战犯的若干关键问题，认为其首先符合历史潮流和人民意愿，其次涉及面较广，从地域上包括江苏、安徽、浙江、山东、福建等地的日本战犯，从职务上讲则既有基层的军曹、曹长，也有中层的少佐、中佐、大佐，还有大将、中将、少将等高级军官。然而，上海军事法庭对将级日本战犯审判工作迟缓，有的步履匆匆、一晃而过，对部分日本战犯姑息养奸，如对日本"中国派遣军"总司令官冈村宁次等人无罪释放。无罪判决引起国内舆论的强烈不满，中国共产党也对此发表了声明。

徐家俊认为，日本战犯中的许多原日军高级将领曾想方设法同国民党军政要员走私情、拉关系、搞幕后交易，对日本战犯的减刑及回国服刑起了很大作用。如冈村宁次的回忆录中就记录了两条"疏通"渠道："一条是经联络官吴文华—曹士澂少将—国防部长何应钦；另一条是经龙佐良少将—汤恩伯上将—蒋总统。"另外，随着三大战役的开战，国民党军队节节败退，原来设在南京的国民政府匆匆南迁，在这种形势下，他们根本无暇顾及日本战犯的监禁和管理。1949 年 2 月，上海军事法庭撤销，上海的国防部战犯监狱撤销，在押日本战犯移送日本。1950 年代，这些双手沾满中国人民鲜血的日本战犯都被先后释放。

徐家俊提出，上海有三处与战犯审判、关押有关的场所，除提篮桥监狱已定为上海抗战纪念地及全国重点文物保护单位外，还有一处是江湾路 1 号的上海军事法庭。另一处是位于宝山区殷高路 15 号的上海战犯拘留所，后改为国防部战犯监狱，当时这所监狱关押的日本战犯比提篮桥监狱还多、级别还高。徐家俊认为，后两处场所也应申报上海市的抗战纪念地。

（原载澎湃新闻，2020 年 12 月 9 日）

党史百年·赤诚丹心

——上海社会科学院庆祝建党 100 周年主题出版物展开幕

今年是中国共产党成立 100 周年。胸怀千秋伟业，恰是百年风华。为庆祝建党百年，由上海社会科学院出版社主办，社会科学报社、上海社会科学院历史研究所现代史研究室协办的"党史百年·赤诚丹心"主题展览，于 2021 年 6 月 23 日在社科院总部一楼正式揭开序幕。

上海社科院张兆安副院长出席了揭幕仪式并致辞。张院长高度肯定了这次展览的积极意义。他表示，在党的一百年的漫长发展中，我院的出版社、报社和研究机构都做了大量的工作，在媒体上发表了大量优秀的文章，出版了丰富多样的书籍，撰写了深度的研究文章。通过这些载体，更多的研究人员得以更好地领会中国共产党百年以来艰辛而辉煌的发展历程，我们将更坚定地团结在党中央和习近平总书记的周围，这不仅对上海经济社会发展能起到很好的推动作用，而且对我们社会科学研究以及我国高端智库的建设，也是一个很好的推动力量。

上海社会科学院出版社主要展出近年出版的党史类书籍，如《中流砥柱——中国共产党与全民抗日战争图册》《红色印记》《先辈的战场》等，关于革命先辈的研究类书籍《重拾历史的记忆——走进雷经天》《上海陈云研究》等，另有最新出版的主题图书《百年红色工运》《初心之地，百年回望》《他们从这里走来》等。

社会科学报社推出了以"百年华诞·不忘初心""改革开放·守正创新""中国道路·共创新时代"三个板块为核心的图片展和近期相关报纸实物展。《社会科学报》创刊 30 多年来，始终坚定地拥护党的领导和方针政策，一直是社会科学界交流思想、展示成果、推动社会进步的重要阵地，报纸见证着思想界和社科界勠力为中华民族谋复兴而进行的孜孜不倦的理论探寻；近期更是精心组织刊发了系列庆祝建党百年的文章，如独家专访了原中共中央党史研究室副主任石仲泉，以及特邀中共中央党校、全国高校马克思主义学院院长代表，深入探索和思考中国共产党百年辉煌背后的思想密码。

上海社会科学院历史研究所现代史研究室在本次展览中展出 1920 年由上海共产主义小组创办的《劳动界》周刊（复本），上海人民出版社 1960 年出版的《五四运动在上海史料选辑》（原版），1979 年发刊的《党史资料丛刊》（原版），以及最新出版的图书《炉火正红》等。值得一提的是，《劳动界》是 1920 年 8 月 15 日，上海共产主义小组陈独秀、李汉俊发起创办的周刊，这是中共创办的第一份通俗工人读物。

此次展览既有我院最新的党史相关的研究出版物，又有珍藏的历史资料，还包括丰富的图文资料，充分体现了我院新闻出版部门和研究室的理论自觉、自信，有助于学党史、悟思想、办实事、开新局，以思想与信仰之光照亮前行之路。展览预计将为期两至三周。

（原载《社会科学报》2021 年 6 月 24 日）

"论从史出"：纪念周予同先生逝世 40 周年

江文君

（一）

2021 年 6 月 26 日上午，周予同先生（1898 年 1 月 25 日—1981 年 7 月 15 日）逝世 40 周年纪念会在上海社会科学院历史研究所举行。

周予同原名毓懋，曾用名周蘧，字豫同、予同，笔名天行，浙江瑞安人，1898 年生。1920 年北京高等师范学院国文部毕业，1921—1932 年先后任厦门大学教员、商务印书馆编辑、《教育杂志》主编、中国著作者协会执行委员，并在私立持志大学、上海大学执教。1933—1935 年任安徽大学教授、中文系主任兼文学院院长。1936—1941 年任吴越史地研究会理事，暨南大学教授、史地系主任兼南洋研究馆主任，《南洋研究》主编。1943—1945 年任开明书店编

会议海报

辑兼襄理。1946 年起兼复旦大学史地系教授，其间发起组织大教联。1949 年后，周予同历任复旦大学历史系教授，兼系主任、副教务长，兼任中国科学院上海历史研究所副所长。还先后担任过华东行政委员会文化教育委员会委员、上海市文化教育委员会副主任、上海市人民委员会委员、上海市人大代表、第三届全国人大代表、民盟上海市委主任等职。1981 年 7 月 15 日，因病逝世，享年 83 岁。

纪念会首先由上海社会科学院历史研究所马军研究员发言，他表示，"周予同先生是享誉海内外的历史学家，不仅长期担任复旦大学历史系教授，也曾兼任上海社会科学院历史研究所副所长，前后达 10 年之久，他为本所的筹备和早期的发展立下了卓越的功勋。今天，我们在他逝世 40 周年的前夕，举行这样一个纪念活动，旨在表达我们的追念、缅怀、感恩和歉疚之情"。马军研究员说："有关周先生'文革'前在本所的学术业绩和活动情况，在拙编《论从史出——周予同教授、副所长的 1956 至 1966 年》(征求意见稿) 中已得到了较为充分的展现。"在编纂这份材料的过程中，他深切地感觉到，如果没有周予同先生，没有杨宽先生，没有方诗铭先生，历史所的古代史研究就不会有以往的地位、成绩和影响，这就是大师的奠基作用，而长于中国经学史研究的周先生是位居首位的。在发言的最后，马军研究员动情地表示："记得本所同人陈正书老师生前曾告诉过我，在'文革'之初，他作为复旦大学历史系 66 届本科生，曾亲见若干师生在某教室'狠批'周予同先生，当时周先生跪在地上，痛苦不堪。即便是批斗完毕，众人散去，他仍被勒令继续跪地，不得起立。每念至此，我总是想，自己能否穿越时空，来到现场，将年迈的老所长扶起，请他坐下，然后为他倒上一杯水……我想若身处其景，很多同人都会有这样的愿望。在周先生备受折磨的最苦难时期，他曾经倾力工作的历史研究所因大环境使然，无力施以有效的援救，这实在是令人极为遗憾的一件事！作为一个在历史所工作了近 30 年的人，一个历史所的'老人'，我想自己是有资格来表达这种歉意的。我们今天的这个纪念会，或许能令周先生的在天之灵稍感安慰。"

纪念会现场，复旦大学历史学系的傅德华教授发言表示，他是 1970 年进入复旦大学历史系的，虽然入学后没有亲眼见到过周先生，却从不少老复旦的口中了解到周先生的学术成就和巨大贡献。傅德华教授表示，2025 年是复旦大学历史学系创建 100 周年，他现在正在负责复旦大学历史系的系史撰写工作。历史系已出版一本介绍 15 位本系老先生的纪念文集（包括自传），这里面当然也包括周予同先生，复旦大学历史系对于为本系做出重大贡献的这些老先生是非常重视的。傅德华教授表示他很想编一本周予同先生的纪念文集，但是一直未能如愿，主要有这样几个原因：一是周先生的图片资料基本毁于"文革"时期，导致图片资料缺损；二是几十年来没有专门召开过周予同先生的学术研讨会，因为没有这样一个专门的研讨会，导致有关周先生的文章包括纪念文章，没有办法系统搜集。另外，傅德华还介绍，复旦大学曾在建校 110 周年的时候推出过一个方案，为各个系的知名教授编写纪念文集，其中就包括周予同先生。他表示，今天大家聚集在此纪念周予同先生有重大意义。周先生作为新中国成立以来复旦大学历史系的首任系主任，为学科发展做出了巨大贡献，复旦大学历史系在发展历程中和历史研究所有过一段合作、合并乃至分开，在这个过程中，周先生也起到了关键作用。他们曾有一个学科规划，两家单位一道为中国的史学发展发挥作用，尽管这个规划后来由于种种原因，没能够全部实现，但还是有一部分已经做了，产生了不少成果。这些成果包括油印本、铅印本，基本上都保存了下来。一些老先生的讲义（油印本）我们基本上也都保存了下来。周先生担任复旦大学历史系系主任时，这样一个摸索时期的工作进行得有条不紊，包括 1952 年的院系调整，周先生也做了很大的贡献。傅德华教授还表示，复旦大学历史系和上海社会科学院历史研究所有着很深的渊源关系。新中国成立后，复旦大学历史系的毕业生不断到历史所来工作。傅德华教授还建议，复旦大学历史学系和历史研究所两家单位可以寻找合适的机会，共同发起，合作举办一次国际学术研讨会来纪念、探讨周予同先生的学术思想，尤其是其经学史研究。此外，对于周先生的研究，资料性的挖掘还有待进一步拓展。譬如，周先生担任了不少社会职务，出席了许多社会活动和会议。这些活动的行迹、会议发言的内容，还没有得到更为系统的整理与挖掘，甚至可以从社会上更广泛地征集有关周先生的档案资料。就目前的研究现状而言，有关周先生的资料太过于匮乏，对于周先生学术贡献的评价最终还是要靠史料来说话。其中，尤其是相关的海外史料更是值得去大力搜集。还有周先生供职过哪些单位，譬如商务印书馆等，这些单位的档案资料可以做进一步整理挖掘。另外，可以找那些曾与他共过事，并仍然健在的老先生们做系统性的口述访谈。这样几个方面结合起来，相信可以推动对周先生相关资料的搜集工作。

历史所汤仁泽副研究员的发言则回忆了童年随父亲汤志钧先生造访周予同先生靖江路（今桃江路）寓所的往事。其父造访周先生的目的，主要是探讨论文写作等学术研究事宜，当年汤先生与周先生合署了若干篇文章，都是关于经学方面的，推动了全国学术界重视经学史的研究。周先生对汤志钧先生帮助甚大，当年也是周先生极力推荐介绍汤先生到历史所来工作的。上海外国语大学陈福康教授的发言提到，他一直从事郑振铎研究，周予同先生是郑振铎的好朋友，两人曾经是商务印书馆的同事，周予同先生早年并不只是纯粹的学者，而是积极参加政治活动，包括五四运动、五卅运动。1927 年 4 月 14 日，周予同曾与郑振铎等七人公开致书抗议，谴责国民党反动派发动"四一二"政变屠杀上海革命群众。

历史所周武研究员多年来专门致力于商务印书馆研究，他的发言着重强调了周予同先生与商务印书馆的密切渊源。商务印书馆对年轻时代的周先生有造就之功。其间，他集中精力主编《教育杂志》，为中国现代教育事业的发展做出了巨大贡献。这 10 余年间，恰风华正茂，是他学术上大有建树的时期。他也积累了很广泛的人脉和社会联系，为以后的学术发展奠定了基础。周武研究员尤其提到 1956 至 1966 年，周予同先生长期兼职担任历史研究所副所长，而且汤志钧先生正是在周先生的关心、提携下，才能将经学研究的学脉延续传承下来。历史所方面当年为编写所史，还曾专门将上海档案馆所藏有关这一时期历史所的档案卷宗全部复制了下来，其中就有周予同先生的相关档案典藏，可以供研究者利用。

历史所司马朝军研究员的发言提到了周予同先生生前反复强调的三大课题：清经义考、中国经学史、从顾炎武到章太炎。由于种种原因，这三大课题，周先生生前只是开了头，尚未完成，需要我们现在继续完成周先生未竟的经学研究事业。

纪念会最后，与会专家学者一致认为，周予同先生是历史研究所乃至中国史学界的一份宝贵精神遗产，需要将其传承下去，发扬光大。

（二）

为本次学术纪念会而特别印制的《论从史出——周予同教授、副所长的1956 至 1966 年》（征求意见稿）里收录了周予同先生在历史所工作期间的若干文章和史料。例如《作为上海社科院历史所副所长的周予同先生》（马军撰写）一文就对周予同先生在历史所的工作经历做了详细描述。文章概要如下：

众所周知，著名中国经学史大家周予同先生，自 1946 年 8 月起便长期在复旦大学历史系任教。但很多人却不知晓，1956 至 1966 年间他曾经先后兼任中国科学院上海历史研究所筹委副主任、上海社会科学院历史研究所副所长，对本所的学术建设贡献亦著。

为了因应党中央提出的"向科学进军"的口号，1956 年 10 月间中国科学院上海办事处在沪成立上海历史研究所筹备处，由新四军老干部、古史专家李亚农任筹备主任，周予同则被请来兼任副主任。1959 年 9 月筹备期结束，历史研究所归并新成立的上海社会科学院，李亚农任所长，周予同位列副所长之首，其余副所长还有奚原、徐崙、杨宽、沈以行（1961 年起）。

由于李亚农长期患病在家，极少来所办公，故而在历史所成立的早期，周予同实际上承担了许多所长行政之责，甚至"所里买一件小东西都要他批准"。在当时所内的一些文件和报表上，常可见到周予同而非李亚农的印章。1962 年9 月 2 日李亚农去世，之后周予同更是长期主持所务会议，1963 年间曾主持讨论和修订了历史所的 10 年规划。这一时期，周先生家住靖江路（今桃江路）21号，离历史研究所所在的漕溪北路要比五角场的复旦大学近得多，所以他的工作重心和办公地点实际上是在历史所。

历史研究所对"老前辈"周予同先生是十分尊重的，他虽然是党外人士（民盟），一些骨干党员却形成了在过年过节到周先生家拜贺的习惯。从军队转业而来的副所长奚原多次向同人表示，"周先生政治上是进步的，学术上是严肃的，思想上是朴素的"，"经学史专家，中国没几个。周予同的知识应该留下"。奚原提出要给周予同配备学术助手，而这位助手就是已学有所成的汤志钧先生。奚多次叮嘱汤："要帮助周予同把经学史讲稿写出来……有困难就克服嘛。你要很好帮助他，这是交给你的任务，一定要很好完成。"在汤志钧的协助下，这一时期两人合署发表了七篇重要论文，即《"经"、"经学"、经学史——中国经学史论之一》(《文汇报》1961 年 2 月 3 日)、《关于中国经学史中的学派问题——中国经学史论之二》(《学术月刊》1961 年 3 月号)、《王莽改制与经学中的今古文学问题》(《光明日报》1961 年 5 月 16 日)、《有关中国经学史的几个问题》(《文汇报》1961 年 11 月 19 日)、《章学诚"六经皆史说"初探》(《中华文史论丛》第 1 辑，1962 年 8 月)、《博士制度和秦汉政治》(《新建设》1963 年第 1 期)、《从顾炎武到章炳麟》(《学术月刊》1963 年第 12 期)，围绕着"经""经学""经学史"三个主轴，对中国经学史上的若干基本问题进行了最新整理和阐释，引起了学术界的广泛反响。

对此，周予同先生后来回忆如下：

我想实现 30 多年前的宿愿，写成一部中国经学史，一方面使 2000 多年的经学得以结束整理，他方面为中国哲学、文学、史学、文字学等学术研究开一条便利的途径。但因为年龄和健康的关系，加以日常工作和社会活动的繁忙，我只能先让别人根据我提供的材料和观点进行初步整理，而后由我在初稿上增删改定。这样就形成了我在 1961 年到 1963 年关于经学史的八九篇论文。

为了运用马列主义的方法，最终写出一部观点和材料相结合的中国经学史著作，这 10 年间周予同先生在历史研究所还主持过若干课题，如"清代学者对于古代史史料研究（限于经部著作）的贡献""清经义考""中国经学史专题"等，其主要助手是汤志钧、杜庆民。

周予同先生对历史研究所的其他课题也十分关心，他是五四运动的积极参与者，因而在 40 年后参与了历史所《五四运动在上海史料选辑》的编纂工作。在讨论会上，他的许多真知灼见常令课题组获益匪浅。例如：

时间还是相当紧迫，一、二、三、六已无问题，四、五部分有问题，一个是不要，一个是合起来，一个照旧，希望大家补充意见，但不用推翻。刘力行同志也有一个书面意见送来，我们觉得书出来以后还可讨论，我们觉得书在五四以前出总比以后出好，学术问题可以展开讨论。

……

力行同志的意见可以考虑采纳，还以二组为主，大体上没有什么。我总希望在五四以前赶出来，再拖下去时间晚了不太好，还是照筹委会的安排。

（1959 年 4 月 17 日）

上海、天津都在写五四运动在上海、在天津，北京三所出《五四简史》和再版当时的著名出版物。当时还有武汉，武汉也是个重点；还有杭州，杭州文化方面的资料可能很多；还有长沙。希望这些地方都能把资料集中，以便写一本完整的《五四运动史》。理论指导的重要性，现在看起来很重要。明确中国当时是半封建半殖民地的社会，确定了革命的任务是反帝反封建，工人在当时已经开始走上政治舞台。过去说工人运动是在五卅开始的，这需要修正。统一战线在当时已经可以看出它的力量，是在五四开始的，40 年来行之有效，今后还是有用。回想当年，仅提以上三点。

（1959 年 5 月 4 日）

一个是这本书是资料书还是一本研究成果的问题；二个是编排的问题，洪廷彦主张把第五部分阶级分析分到别的部分里去；三个是总叙与小序写作与前面要有所不同，仅对资料加以说明。

（1959 年 9 月 6 日）

该书煌煌 51.4 万字，1960 年 6 月由上海人民出版社推出了第 1 版，影响颇为深远。

1962 年前后，为了提高青年研究人员的理论水平和史学素养，周予同还曾在历史所内多次举行专题报告，主讲"文史通义"和"史料目录学"。

……

令人极为遗憾的是，1966 年爆发的"文革"中断了周予同先生在历史研究所的事业。由于在"海瑞罢官"问题上为吴晗教授辩护，以后的 10 年间，周先生遭受了不公正的待遇，历经磨难。以致瘫痪在床，双目失明……

《论从史出》（征求意见稿）中所收的另一篇文章《周予同、杨宽在上海社科院历史所的点点滴滴》则汇集了周予同先生在历史所工作的不少日常细节和工作记录，例如：1958 年 2 月 22 日，召开全所大会。周予同传达向科学院接洽本所编制、资料设置等问题经过，并传达刘导生、潘梓年讲话要点，涉及学术批判、研究方针、北京与上海分工合作、队伍问题，等等。5 月，整风检查，周予同在 5 月 21 日作检查说，"我是追随思想""拥护党，走社会主义道路是没有问题的"。奚原表示，"周先生是倾向革命的，治学态度是认真的，思想上是朴实的"；又说，"经学是有价值的，周先生有基础是可以搞的"；又说，"历史所要成为一界之中心，起火车头作用，周先生要起这样的作用"。

1962 年 4 月 21 日，周予同在全所大会上正式宣布 10 年规划，并大加赞扬号召大家切实地按规划执行。12 月 30 日，周予同先生在工作会议上表示"出书要有勇气"等，"要劳逸结合，保护眼睛、头脑、心脏，注意营养锻炼，控制生活，要长命百岁"。

1963 年 1 月 8 日，周予同主持召开本年度第一次所务（扩大）会议，讨论 10 年规划草案修订等问题，会上他盛赞《徐文长》说："我很喜欢看，两个晚上看了许多。""开本太小了，很不好、出版社太小气了。"3 月 6 日，在周予同主持下召开本年度第二次所务（扩大）会议，主要讨论修改 10 年规划。10—11 月，中国科学院哲学社会科学部委员会在北京举行第四次扩大会议……我所周予同、徐崙、杨宽参加了这次会议。12 月 6 日，开全所会议，在沈以行主持下，杨宽传达周扬的报告，徐崙传达刘少奇、黎澍、邓拓的报告。周予同首先讲话，说："明确方向，交待任务，训练队伍，参加战斗，是这次会议精神。"又说，"继续贯彻二百方针，它在共产主义社会也是合适，防止资产阶级自由化及思想僵化"，"要加强社会科学工作者的团结，取长补短，共同进步"。

（原载澎湃新闻，2021 年 7 月 15 日）

"马克思主义旗帜永远飘扬
——上海社会科学院图书馆纪念建党百年"馆藏文献展正式开展

程　佳

6 月 28 日下午,"马克思主义旗帜永远飘扬——上海社会科学院图书馆纪念建党百年"馆藏文献展在我院党的诞生地资料中心正式开展。副院长王振、文学所所长徐锦江、世界中国学研究所所长沈桂龙共同为本次展览揭幕。

开幕式由图书馆馆长钱运春主持,他介绍了上海社会科学院是具有深厚红色基因的科研机构,图书馆藏有较多的历史文献。目前,图书馆共收藏有各类革命历史文献原件 1000 余种,约 2000 册,其中个别文献属海内孤本。由于历史原因,革命历史文献的出版、发行、保存都极为困难,传世稀少,留存至今的革命历史文献,其珍贵程度不言而喻。

王振副院长在致辞中表示,在中国共产党成立 100 周年前夕,举办此次展览,通过挖掘我院图书馆藏红色文献,传承上海社科院的红色基因,赓续初心使命,为建党 100 周年献礼。

本次展览精选了 1920—1949 年 100 种馆藏红色文献,以马克思主义在中国的传播为线索,分别从"旗帜是怎样树立起来的""旗帜是怎样展开来的""旗帜是怎样飘扬起来的"三个部分,展示了马克思主义从一种学说到革命信仰、从星星之火到燎原中国、从马克思主义中国化到全面构建建设新中国理论体系的进程,讲述了中国共产党人的初心和使命。

　　该展览的重要特色是展出了珍稀红色文献。有的是 100 多年前的图书，如 1920 年陈望道翻译的《共产党宣言》中文全译首版首印本、1920 年新青年丛书之《社会主义史》、1921 年公民书局出版的《科学的社会主义》。还有目前发现最早的中国共产党参与中西文化论战的文本证明——1924 年杨明斋题签的《评中西文化观》；1930 年一大代表李达签名本《中国产业革命概观》，该书创立了中国马克思主义经济学的研究范式；1938 年首次提出"使马克思主义在中国具体化"的《论新阶段》以及 1949 年开国大典实录的《中华人民共和国开国盛典》等。尤为值得一提的是，本展览还展出了原版《东方杂志》1918 年第 15 卷第 3号刊载列宁照片及其生平事业的文章，是国内最早关于列宁的介绍；还有 1949年 5 月 26 日《申报》最后一期和中国共产党接管上海后 5 月 28 日的《解放日报》创刊号，实为罕见。

　　该展览的另一个特色是中国共产党早期创始人以及革命领袖的著作多。包括李大钊的《守常文集》，陈独秀的《读秀文存》，毛泽东的《论查田运动》《论持久战》《论联合政府》《目前的形势和我们的任务》《经济问题与财政问题》《农村调查》等，还有李达、瞿秋白等人的著作，均设专柜陈列展出。

　　该展览还有一个重要特色是外文文献多。包括上世纪早期翻译的日文文献，特别是被称为"东方最伟大的马克思主义传道者"河上肇的著作，共 10 余种。还有一些原版书，比如 1928 年日本出版的日文版《马恩全集》、1930 年纽约出版的《共产党宣言》等。此外，还有一些当时知名的外文报纸，包括 1949年 10 月的《北华捷报》，其中有外媒对新中国成立的报道以及 1936 年 11 月14 日版的《密勒氏评论报》，首次发表了毛泽东与斯诺的长篇谈话，并刊登了毛泽东头戴八角帽的照片，十分珍贵。由此，世界进一步了解了红星照耀下的中国。

　　本次展览由中共上海社会科学院委员会主办、上海社会科学院图书馆承办、《社会科学报》和上海社科院历史所现代史研究室协办。历史所副所长叶斌、现代史研究室主任马军、信息所办公室主任沈结合、院老干办主任于涛、信息化办公室副主任赵虹，以及信息所、中国学所、网管中心和图书馆党支部的党员代表等出席开幕式并参观展览。上观新闻也对该展览进行了报道。

本次展览在分部尚社苑"党的诞生地资料中心"从 6 月 28 日展出至 7 月 16 日，欢迎全院职工和研究生前来参观。

（原载上海社科院图书馆网站）

跨越60年的合作：两代学人接力出版上海工人运动珍贵史稿

马　军　陈　雁

[**澎湃新闻按**]　几年前，上海社科院历史所研究员马军在该所现代史研究室偶然发现了一份完成于1960年的《上海工人运动史稿》。这一文稿系由60多年前的复旦大学历史系师生依据上海社科院历史所所藏的一批工运史料编写而成，历史所原副所长、已故工运史专家沈以行主持，复旦大学历史系教师余子道、黄美真、赵清等与1956级学生吴维国、李华兴、宋国栋等人参与，文稿编撰后曾递交在北京举办的工运史座谈会审订，并根据反馈意见修改。如今，这份史稿本身也已成为史料，从一个侧面反映了中华人民共和国成立以后中国近现代史的基本叙事如何确立。

2021年，复旦大学历史学系和上海社科院历史所再度合作，将这份尘封多年的史稿中较为完备的"上编"部分整理出版，定名为《1927年前的上海工人运动史》(复旦大学历史学系、上海社会科学院历史研究所著，沈以行主编，陈雁、马军整理，上海社会科学院出版社，2021年)。该书涉及的时段从1840年到1927年，梳理了近90年间的上海工人运动发展轨迹，也留下了观察成书背景与时代的宝贵资料。当年的编写组在"前言"中写道："编写上海工人运动史是一项重大的工作，历来受到中共上海市委的重视。1952年7月，上海市委指示在上海总工会内设置上海工人运动史料委员会，到1957年为止，对上海工人运动史料进行了搜集与整理。大跃进以来，在各级党委的领导下，上海有20多个工厂兴起了大搞工厂史的运动，不少院校师生投入了这项工作。1960 年 1 月，在校党委的支持下，复旦大学历史系开设了上海工人运动史课程。这些都为编写上海工人运动史作了准备。"

7 月 23 日，《1927 年前的上海工人运动史》新书首发式在上海社会科学院历史所举行，马军研究员代表上海社科院历史所现代史研究室向复旦大学历史学系捐赠了《1927 年前的上海工人运动史》的原始誊抄本，并表示，这份封面标注有"复旦大学历史系 1960 年"字样的资料终于"物归原主"。

《1927 年前的上海工人运动史》书影

1952—1958 年，上海市总工会曾在其内设立了一个名曰"上海工人运动史料委员会"的机构，旨在搜集、整理中华人民共和国成立前中共领导下的上海工人运动的历史资料并加以研究。1958 年底，因机构精简，该委员会被撤销，副总干事沈以行与成员姜沛南、郑庆声、李伯毅、徐同甫、徐承祖、余卫平、倪慧英、王天筠，遂携带六年中收集到的所有资料调动至新成立的上海革命历史纪念馆筹备委员会，但因国家经济形势日渐困难，筹备委员会在不久后亦告撤销。1961 年初，沈以行又带领姜沛南、郑庆声、徐同甫、倪慧英，以及除照片、文物等之外的大部分资料（约 1500 万字）再调至上海社会科学院历史研究所，组成了该所工运史组（后来发展为工运史研究室）。本书即成稿于这一时期。根据郑庆声先生晚年的回忆，就在沈以行一干人等尚在上海革命历史纪念馆筹备委员会忙于中共一大会址的陈列工作时，"记得那是 1960 年夏"，"复旦大学历史系党总支书记余子道同志来访，与沈以行同志谈妥，组织高年级同学来实习，编写上海工运史。于是，该系教师赵清、黄美真带领十几位同学到纪念馆参加编写工运史。记得学生中党支部负责人有吴维国、李华兴、宋国栋。在沈以行同志的指导下，编写了上海工人运动史初稿，其中 1927 年以前部分比较成熟，后来铅印成册，送到第一次全国工运史工作座谈会上，征求意见"。

这份铅印本是在 1960 年 10 月制成的，随即送交 11 月中旬在北京举办的工运史座谈会审订，"会上意见认为，内容突出叙述了上海工人反帝斗争的革命传统，是其优点；但对一些重要的理论问题，如工人阶级从自在到自为的转变等缺乏科学分析，对全国革命形势的结合也有所忽视，总的说来，科学论据不足，是其主要缺点"。在之后的修改过程中，"补充了早期工人阶级状况的资料，并对自在、自为的转变问题做了专门研究"，后者主要体现在两篇正式发表的论文里，即《论中国工人阶级由自在阶级到自为阶级的转变》（李星［李华兴笔名］、赵亲［赵清笔名］、黄杜［黄美真笔名］，《学术月刊》1961 年 2 月号，1961 年 2 月 10 日）、《再论中国工人阶级由自在阶级到自为阶级的转变》（李星、黄杜，《学术月刊》1962 年 7 月号，1962 年 7 月 10 日）。

按照最初的计划，该《上海工人运动史稿》将分为上编（1840—1927 年）、中编（1927—1949 年）、下编（1949—1960 年），准备在 1961 年 7 月之前，"一齐拿出成品，向伟大的中国共产党 40 周年诞辰献礼"。但实际上，中编部分在 1961 年 1 月曾写出了一个草稿，而下编部分则拟在该年上半年定出一个提纲，留待稍后再行撰稿。所以，原先的献礼意图并未实现，整个项目后来也因故中辍。

  目前，在上海社会科学院历史研究所现代史研究室（1998 年由原工运史室和原现代史室合并而成）只发现了上编（铅印本）和中编的部分蓝印誊抄本。由于前者相对成熟，我们现将其单独正式出版，定名为《1927 年前的上海工人运动史》，一来旨在纪念 1960 年上海社会科学院历史研究所（沈以行等人）和复旦大学历史系（中国近现代史教研组青年教师、1956 级同学）的深度合作；二来也是向 2021 年中国共产党建党 100 周年献礼，以遂一个甲子前当事者们的未竟之愿。

  必须指出的是，20 世纪 80 年代以后，沈以行、姜沛南、郑庆声先生又曾领导上海社科院历史所工运史研究室集体撰写了扛鼎之作——《上海工人运动史》（上、下两卷，辽宁人民出版社 1991 年、1996 年版）。这两部相距二三十年的工人运动史著作虽然没有直接关联，但学术史上的相互呼应却是有目共睹的。

  这里还要特别提到李华兴先生，20 世纪 60 年代初，他是参写的复旦大学历史系的学生之一，不久留校任教，20 多年后则出任上海社会科学院历史研究所常务副所长。他本人的学术历程，就是历史学系与历史研究所双方长期协作的缩影。据说李先生生前曾多次有意出版本书，但均未果。

  借此，请允许我们向所有为本书做出过贡献的师长、系友们致敬！

2021 年 3 月

（原载澎湃新闻，2021 年 7 月 25 日）

群星未曾远去：关于上海社会科学院历史研究所的"史园三忆"

江文君

2021年10月25日下午，《史园三忆》新书发布式在上海社会科学院历史研究所现代史研究室举办。

会议海报

　　《史园三忆》对上海社科院历史研究所已故学者的纪念文字、老同志的革命回忆以及同人们的所史忆往进行了汇编，是研究上海学术史不可多得的重要资料。全书分为三卷，上卷为《远去的群星：上海社会科学院历史研究所的逝者们》，中卷为《绿圃红叶：上海社会科学院历史研究所老同志革命回忆录》，下卷为《古杏与赭砖：徐家汇历史研究所的那栋楼、那些事和那些人》。

　　该书的出版适逢上海社会科学院历史研究所建所 65 周年。65 年以来，历史研究所作为一个科研机构、学术团体，是国家命运和发展道路的一个缩影。近年来，中国当代史研究在史学研究中备受关注，上海社会科学院历史研究所所史——作为中华人民共和国历史的一部分——反映了中国发展之路的重要特征和基本逻辑，其本身就是当代史研究的优异选题和典型案例。

　　《史园三忆》编者、上海社科院历史所马军研究员在主旨发言中介绍，该书汇聚了约 100 篇所内同人与所外朋友们在不同时期撰写的回忆文章，在上海社会科学院历史研究所建所 65 周年之际，《史园三忆》追昔忆往、激励今人、展望未来，可谓正当其时。他表示，上海社科院历史所迄今已走过 65 年历程，但所史研究仍在起步阶段。2006 年和 2016 年，经过全所同人的共同努力，先后编纂了两部所史资料集，即《通变知几：上海社会科学院历史研究所五十年历程》（自印本）和《史苑往事：上海社会科学院历史研究所成立 60 周年纪念文集》（上海社会科学院出版社，2016 年）。马军研究员从 2012 年开始投入所史资料的收集工作中，目前已经出版《中国近现代史译名对照表》（编撰，2016 年）；《史译重镇》（编撰，2018 年）；《重会海外汉学界（1979—1983）》（选订，2019 年）；《史研双峰》（编纂，2019 年）；《炉火正红》（主编、整理，2020 年）等相关书籍。有关《史园三忆》的工作则始于 2018 年，其间得到过很多前辈、同人和朋友们的支持与鼓励。发布式邀请了历史所学术前辈们的子女与会发言，首先是姜进教授（姜沛南研究员之女）。姜教授谈到，解放初其父姜沛南先生最先担任的是《劳动报》副主编，后来因为在"三反""五反"运动中遭受不公正待遇，遂转至上海总工会工人运动史料委员会工作，并由此扎根、献身于工运史料的搜集和研究事业。1961 年，姜沛南先生跟随沈以行副所长调动至上海社会科学院历史研究所继续从事工运史研究。历经数十年的努力，终于在上世纪 90 年代合作推出了百万余字的大著《上海工人运动史》两册。姜进教授指出，工运史研究在新中国成立后的前 30 年是一门显学，但之后却渐渐受到冷落，而目前又有了重振的趋势，新的生力军正在加入，相信他们能在历史所老前辈们打下的优良研究的基础上更进一步，努力超越前辈。

张卫红女士（徐崙副所长之女）的发言讲到，在她幼年的记忆中，其父在家里很少讲话，显得沉默寡言，原因大概是在历次政治运动中遭受了挫折。她印象比较深刻的是，父亲生活很简朴，工作兢兢业业，每天都伏案至深夜两点。她童年时，晚上总是能看到父亲书房里的灯是亮着的，他始终笔耕不辍，文章主旨大多涉及"鸦片战争""小刀会"等。工作之余，他最大的爱好是看京剧表演，每周末都会带着儿女们一同前往。张女士又说，即使到了晚年，父亲的记忆力还是非常之好，唐诗仍能整段整段地背诵出来。

汤仁泽先生（汤志钧教授之子）发言指出，本书编者马军研究员做了一件很有意义的事，是在给历史研究所构建学术谱系的拼图，旨在把先贤们的功绩尽可能完整地记录下来，让后人有迹可循。马军在这一过程中搜集了大量的回忆录、工作笔记等，并热忱地动员有关人士撰写文章，共同构建历史记忆。在谈到徐崙副所长时，汤先生还记得，当年徐先生曾到其就读的小学给同学们讲课，宣讲革命历史故事。

程岩女士回忆了其母程天赋同志早年参与筹建上海历史研究所的概况。母亲在"文革"中因受迫害而不幸离世，但留下过许多文稿，尤其是做了不少历史资料的卡片。遗憾的是，后来也都散失了。"文革"结束后，组织上为其母平反，照顾程岩到上海社会科学院来工作。在社科院工作数年后，她在改革大潮中曾赴香港经商发展。

任晓冰女士（任建树研究员之女）认为，历史所的许多先辈长期不懈地进行历史研究，努力地挖掘历史真相，他们的工作很了不起，很不容易，堪称国之脊梁。

李小骝先生（李亚农所长之子）说自己参与此次活动感触良多，在座的不少先辈的后人都曾是他的同学和发小，因于历史研究所这家单位，大家彼此间有不少人生的交集。他还提到父亲李亚农先生生前长期在家养病，所以那时基本上是所里其他领导来家中商讨所务，记得经常来的有奚原先生、杨宽先生、徐崙先生等。以上诸位先生的子女有不少是他的小学同学，当年大家就读的都是中国科学院的附属子弟学校，直到后来历史所才改隶上海社科院。

1956年以来，历史研究所贡献了一大批优秀的学术成果，积累了丰富的治学经验。如20世纪五六十年代的《上海小刀会起义史料汇编》《鸦片战争末期英军在长江下游的侵略罪行》《五四运动在上海史料选辑》《辛亥革命在上海史料选辑》，1978年复所以后的《五卅运动史料》《近代上海大事记》《现代上海大事记》《上海史》《上海工人运动史》《上海通史》（1999年版），等等。除此之外，还有为数众多、因各种原因而未竟的课题，其背后整箱整箱的未刊资料和相关档案留存至今。这笔丰厚的学术遗产，是底气，是骄傲，也是路标和指南。知古鉴今，当我们陷入迷途之时，它们是引领我们迈向未来的智慧之手。在历史研究所的学术史上，不仅有李亚农、周予同、杨宽、徐崙、沈以行、方诗铭、汤志钧、唐振常等闻名遐迩的史学大师，也有章克生、马博庵、雍家源、叶元龙、吴绳海、倪静兰等功勋卓著的史译名家。65年来，来来往往、进进出出的数百名所内前辈同人，为求真、求实，青灯黄卷，殚精竭虑，克服各种干扰，忍受诸多委屈，奉献了宝贵的青春和年华。他们身上所体现出的学术之忱、信念之光和人性之美，超越时空，跨越生死，长相吾等后辈左右，终非极少数"魑魅魍魉"所能掩蔽。

上海社科院历史研究所从初创时期位于徐家汇漕溪北路20号（后为40号），到暂借田林路2号3层，再到中山西路1610号1号楼14层，直到如今的2号楼8层东侧，曾经数易其地。虽然时光如梭，环境已变，但研究所图书资料室的20多万册旧藏，无不默默地诉说着过去的故事，它们似乎总在提醒今天的读者：在这个纷扰的世界中，应该怎样正确地对待自己的学术人生；历史研究所又应如何尽快地实现研究的国际化、图书资料的电子化和管理的制度化，以积极适应大时代的变迁。

（原载澎湃新闻，2021年11月25日）

纪念陈正书先生：栖身仓库七载余，阅遍道契著一书

徐　嵩

2021年11月29日下午，"陈正书研究员八十冥诞"追思会暨纪念册发行式在上海社会科学院历史研究所大会议室举行。陈先生生前同事、大学同学、亲属和其他友好人士与会。会议由先生当年授过课的硕士研究生、现在的现代史研究

会议海报

室主任马军研究员主持。

会议现场，马军研究员的开幕词简要介绍了陈正书研究员的生平，回顾了先生在治学和做人方面给予他的重要、积极的影响，高度赞扬了先生的学术成就：他历时多年，历经艰苦环境而整理、出版的 30 卷本的《上海道契》一书，涵盖了 1843—1911 年间上海城市土地交易使用的史料，描述了从农业用地向城市土地市场发展的历史进程及其特征，对于重构开埠以来百余年间上海中心区域的土地史、经济史和社会发展过程有着无可替代的价值；陈正书先生由此在本所数十年来的上海史研究事业中占据着独特而鲜明的地位，他是《上海道契》这套书学术意义上的真正"主编"。随后放映的《十四年著一书》纪录视频展示了陈先生的音容笑貌，讲述了从 1991 年秋开始，他是在何等艰苦的环境下，利用存放于元芳弄旧仓库中的道契原件开展整理和研究工作的。

上海史研究室老同人吴健熙先生回忆了陈正书先生刚入职上海社科院历史所时的景况。陈先生虽然对上海经济史方面很有兴趣，但此前从未涉猎，因此他的领导唐振常先生要求他必须打好基础，开列了有关书单要求他阅读。陈先生几乎每天都要前往华东政法学院图书馆读书，唐先生有时还会前往图书馆签到处检查，看他是否前来读书，以及借阅了哪些书目。由此，陈先生得以发挥博闻强识的优势，成为上海经济史研究领域的专才。所里同事凡有经济史方面的问题都可以向他请教，他总是不吝赐教，并提供手头的参考书籍。陈先生还十分关注历史知识的普及，强调对于不具备历史专业背景的学术活动参与者，讲解务必通俗易懂。陈先生早年在上海市第二十五中学任教时的两位学生杨厚亮、郝运来回忆起当年师生相处的情景。尽管时值"文革"年代，"读书无用论"和"批判师道尊严"喧嚣一时，但这对于他们师生间的深厚感情没有丝毫影响。因为陈老师为人正直，在生活和学习上关心学生，无论成绩优劣一视同仁，倡导"学好本领是为今后的人生打好基础，务必先树立信心"。40 多年后，当年第二十五中学的学生们纷纷退休，聚会时想起陈老师，多方打听才知道他已离世了。杨厚亮在最后发言时感叹：我作为免交学费的贫困生曾备受陈老师恩惠，如今想要当面道谢却再没有机会了。他借此当场高歌一首，献给自己在天的恩师。

陈先生在复旦大学求学时的同学潘君祥（上海市历史博物馆首任馆长）回顾

了他的学术成就：参加了唐振常主编《上海史》的工作，负责全书 20 多个章节中至少六个章节的编写，其中一章为其独撰；由于每个章节分涉不同专题，这无疑大大增加了工作量，但他毫无怨言地服从领导的安排；参与了熊月之主编 15 卷本《上海通史》的工作，独立完成第四卷共 40 万字的撰写工作，由此成为历史所的研究骨干；还参加了张仲礼院长承担的国家重点项目"近代上海城市史研究"，以及"东南沿海城市与中国近代化研究""长江流域城市研究"，对上海社会科学院的学术研究也做出了杰出贡献。

陈先生的另一位同学范文海（上海市历史博物馆原副馆长）称赞他有自己的思想，待人真诚，专注学术，不怕苦累，希望现在的学者能继承他的治学精神。范先生还提到了陈先生对上海市历史博物馆的建设和学术研究做出的贡献：该馆《中国的租界》一书的出版得到了国家文物局支持，陈先生为此出了大力。

郭志坤先生（原《文汇报》资深编辑）也是陈先生的同学，他深情地说：昨晚刚得到召开追思会的消息，就立即通知了上海古籍出版社的社长、副主编李国章先生，李先生因为《上海道契》一书的出版和陈先生来往密切。李先生虽因年迈未能亲身参会，但委托其向上海社会科学院历史所表示感谢，因为《上海道契》一书出版后取得了巨大的社会和经济效益。郭先生还回顾了往昔与陈正书先生的交往。郭先生在"文革"期间曾受到冲击，是陈先生冒着风险提醒他连夜将所有笔记、日记转移至自己家中保管，才避免了遭受进一步迫害，可见陈先生高尚的人品。陈先生在整理《上海道契》期间曾经到访郭家，郭先生看着他疲惫的脸色不禁关心他的身体："最近你很累啊。"陈先生用诸暨方言回答说："累也是陈正书，不累也是陈正书，干也是陈正书，不干也是陈正书。"因为储藏档案的库房条件恶劣，闷热无空调，他能在这种条件下长期坚持，实在是难能可贵。

罗婧（上海社会科学院历史研究所助理研究员）作为《上海道契》一书的实际运用者回忆说：2010 年 6 月的某日，其在复旦大学的师姐博士毕业论文《近代上海城厢景观变迁——基于上海道契档案的数据处理分析》举行答辩会，导师周振鹤先生认为论文涉及上海道契研究，一定要请陈正书先生担任答辩委员。陈先生对于有人运用他的心血开展研究非常高兴，给了师姐的博士毕业论文很高的评价。当时他还精神矍铄，孰料一个月后就去世了。现在的学者必须感谢陈先生在上海道契研究方面做出的先驱性贡献，上海城厢景观的变化研究因此才能步入正轨。

张剑（上海社会科学院历史研究所研究员）发言指出：今天看了视频才了解到陈先生整理道契之艰辛——为了方便研究，把铺盖和电饭煲搬进破旧库房，晚上在办公室中蜗居，两张办公桌拼起来就是床铺，偶尔外出买早餐也就是在路边摊买点馒头啃，这样的日子一过就是七年。当时的上海市房管局有规定，在道契年鉴正式出版前，绝不允许任何人（包括外聘研究人员）使用这些材料写论文，违规者将被剔除出局。所以在长达七年的时间里，陈先生接触如此之多的宝贵史料就是无法利用它们写作发表论文，这需要多大的毅力啊！这值得我们当今的年轻学者学习：如今获取史料途径多元，选题容易，然而对于某个重要史料需要抓住不放，坚持研究工作，最后的成果才能为全社会所用。《上海道契》对后来研究者的照拂是我们今天为陈先生召开追思会表示敬仰的原因所在。

苗青（上海滨海古园人生文化博物馆研究员）评价说：陈老师说过"抓住了就不放手，哪怕砍了我的手都不放手"。这就是学术研究一种最高的境界吧。"磨屁股，磨意志，勇攀学术高峰"有这样一个崇高的目标，才会使我们的学术水平有所发展，哪怕是在档案室坐再长时间的冷板凳都是甘之如饴的。

历史所上海史研究室退休成员施扣柱回忆说：她是在 1988 年考取唐振常先生研究生后结识陈先生的，陈先生当时负责讲授《上海经济史》课程，他不仅学识渊博、授课认真，待人也是和蔼可亲，主动关心学生生活。陈先生说：人生于世不能一无所得，必须有所成就。这就像德国社会学家马克斯·韦伯所言，将学术作为一种志业。也就是说不是将学术当成一份谋生的职业，或者一项简单的事业，而是作为一项天职，像宗教信徒发自内心的虔诚。陈先生是用自己的生命诠释了这一点。她还说：今天看到了陈先生的纪念视频，确实十分震撼。陈先生生性淡泊，对自己因为长期从事整理《上海道契》耽误晋升职称一事漠然置之。人的生命有限，然而学术成就长存，在生平著述为人援引传颂的同时，生命也就得到了延续，这是如今大家都为陈先生感到欣慰的。

陈正书先生之女陈明在答谢时表示："能够出席诸位长辈为父亲举办的追思活动，我的内心激动，也带有一丝伤感。父亲是浙江诸暨人，1941 年 11 月 30

日出生于上海，1961 年考入复旦大学历史学系。1967—1982 年在上海第二十五中学任教，1982 年 5 月进入上海社会科学院历史研究所工作，曾担任上海史研究室主任、学术委员会委员等职，父亲的一生是为史学事业奋斗的一生。他在家中是绝对的顶梁柱，烧得一手好菜，每年过年时都负责为全家准备年夜饭。在'文革'中父亲被分配到第二十五中学任教，是一位风趣而严厉的骨干教师，一个人在担任班主任之余还要从事英语、数学等科目的教学工作，送走了许多届毕业生，也有许多学生考进了大学。他还会对家庭特别困难的学生进行家访，做家长的思想工作，甚至用自己微薄的工资帮助他们，同时绝不放松对学生的思想教育，是一位认真严格的好老师。后来进入历史研究所工作，算是找回了自己学生时代的梦想，他全身心地投入工作，我们在家中看到的往往是父亲挑灯写作的背影。为了整理《上海道契》一书，父亲索性搬进了档案馆，生活极其简单：一个电饭煲、一床被子、一个茶缸、一副眼镜、一包烟就是全部，因为劳累过度，加上陈旧档案中灰尘、螨虫的侵蚀，父亲一天天消瘦下去。就像他所说的那样，'研究中国历史就必须吃苦'，他愿为这份事业奋斗牺牲，是我心目中举着笔杆子为史学事业奋斗的楷模。"

从创建至今，上海社会科学院历史研究所已经度过了 65 个春秋，涌现出许多令人钦佩的历史学者，奉献出众多精湛的学术成果。发起这场追思会的马军研究员近年来专注于所史研究，对曾在本所工作过的已故同人，不论其生前职称级别，都尽力写传纪念。历史记录了过去，也指引着未来。铭记逝者的名字和事迹，让他们日渐模糊的身影回到我们中间，这也就是举办这场追思会的目的吧。

此次追思会还分发了马军编纂的《"我不死，谁死？"——陈正书研究员与〈上海道契〉》（征求意见稿）。

（原载澎湃新闻，2021 年 12 月 9 日）

上海社科院历史所研究员刘修明：
为知识分子寻出路

江文君

　　刘修明先生（1940—2021），上海社会科学院历史研究所研究员、九三学社社员。刘修明先生主要从事中国古代史、秦汉史和史学理论研究，曾任《史林》副主编、《社会科学报》常务副主编、中国秦汉史研究会副会长，代表性著作有《儒生与国运》《雄才大略的汉武帝》《汉光武帝刘秀》《从崩溃到中兴》等，编著

刘修明先生

有《话说中国》(主编)、《毛泽东晚年过眼诗文录》等。他曾承担"七五"国家社会科学基金项目"儒生与国运——中国封建社会知识分子的道路",这一研究在学术界有广泛的影响。2021 年 2 月,刘修明先生在上海因病逝世,享年 80 岁。

2022 年 2 月 17 日,刘修明研究员逝世一周年追思会在上海社会科学院历史研究所大会议室举行。上海社科院历史所研究员马军在发言中谈及发起追思会的原因:"刘修明先生自 1963 年从复旦大学历史系毕业后,直至 2000 年退休,始终在上海社会科学院历史研究所服务。其间,他勤奋钻研,成果极为丰硕,在中国古代史研究领域,尤其是先秦史领域,享有很高的声誉,是他那一代人中的佼佼者。他为人内敛,即使离去之后,按照其遗愿,也没有举行追悼会或告别式,而是很快火化,不愿给众人添麻烦。但是,我们这些他昔日的挚友、同事、晚辈和读者,总是想着尽可能多地、尽可能长地把他留住,所以便有了今天的追思会。对我们历史研究所来说,首先不仅同人获奖是非常重要的,成果的出版是非常重要的,而且老同人的离世也是非常重要的。特别是像刘先生那样,把一生都献给了历史所的资深学者,这更是一件极为重要的事,所以我们要在这里郑重地缅怀他,重温他的事迹。"

马军研究员为刘修明先生编纂了纪念册,并写作《永怀刘修明老师》一文缅怀前辈。他表示:"我和刘先生同样都出自工人家庭,从复旦大学历史系毕业后,也长期在上海社会科学院历史研究所服务,我和他的人生轨迹确有不少暗合之处,尽管在学术业绩上实在不可同日而语。我甚至在他的身上也看到了自己的未来,从一而终,将一生与历史学和历史研究所紧紧地连在一起……此外,刘老师生前对我平易近人,毫无他同辈人中某些大学者的架子,这一点对我也有很深的影响。"

上海社科院国际问题研究所研究员吴前进在上世纪 90 年代初曾是刘先生授过课的历史所研究生。吴前进回忆道,当年她听课时,刘修明先生 50 岁出头,对学生特别友善与平和,把学生当作朋友来推心置腹。她记得刘先生很推崇的学人是历史所同仁王守稼先生。"刘先生看淡了个人名和利,读书写作是他人生最大的快乐。"

上海社科院历史所研究员张剑提到,自己初来所工作时刘先生还未退休,令他印象较深的是刘先生对传统茶文化深有研究。张剑提议为刘先生编一本人物大事记，将他在学术活动之外的社会事务（如出版编辑等）事迹也记录下来。

历史所同人程念祺副研究员与刘修明先生相识较早，刘先生后来曾邀请他参加"话说中国"丛书的编写。他积极参与，在写作过程中遇到一些困难时，经常能得到刘先生的指点与鼓励。"刘先生话不多，但在丛书写作过程中总能点到要害，指点迷津。刘先生退休后就过起了田园生活，他总是到太湖边上长住休养，同时也将这些生活点滴写成随笔小文在《新民晚报》等报刊上发表。"

历史所老同人汤仁泽副研究员与刘修明先生结缘也很早，其父汤志钧先生与刘先生是老同事，刘先生曾带着自己儿子到汤家来做客。30多年后，自己也与刘先生成为同事，在古代史研究室里共事。刘先生主编的"话说中国"丛书也曾邀请他参与编写其中的一卷。尤为难得的是，在2013年上海社科院举办的纪念汤志钧先生学术成就的一次会议上，刘先生仗义执言，述说往事真相，令人感动。

《解放日报》资深编辑司徒伟智先生则深情回忆了当年与刘修明先生在上海市委写作组共事的若干情景。"修明兄具有宽容的品格，对人包容。""徐家汇学员班的青年学员要向他请教问题，他都不遗余力，亲自给予指导、答疑解惑。"1978年重新投入史学研究工作之后，刘修明先生在学术研究上取得了丰硕的成果。"80年代初期我在《解放日报》理论部工作，修明兄常来报社编辑部商讨。有一次理论部的负责人赞扬修明兄从来都不浪费时间，经常从理论部弃置的旧报纸里搜集有用的学术资料。大家一致认为刘先生一心向学，分秒必争。"

历史所的吴健熙老师回忆了刘修明先生在学术生活之外的一面。他说，刘先生曾写过一本有关茶文化的书赠送给自己。此外，刘先生对佛乐也有欣赏的兴趣，借此可以排遣杂事、烦心事。他晚年住在太湖边上的明月湾，借此一方宝地陶冶性情，颐养天年。可见，刘先生有入世的一面，也有出世的一面。

曾在锦江国际集团任职的翁长松先生表示，自己和修明先生是忘年交、老朋友，自1974年自己到历史所学员班就学以来，就和刘老师长期交往，大家彼此经常见面、通电话。在同时代的一些老先生眼里，刘先生文笔好，出笔快，写文章漂亮。刘先生也重情谊，譬如王守稼先生的遗著《封建末世的积淀和萌芽》

（上海人民出版社 1990 年版）是由他一手操持完成出版的。刘先生一生著述颇多，他晚年最为得意的著作，同时也是最能体现其一生心志的就是《儒生与国运》一书。他当年曾表示，写该书就是想为中国知识分子寻找一条现实的出路。从字里行间，可以发现处处对现实有所指，和现实有联系，归纳起来，就是知识分子尤其是史学工作者一定要有时代关怀。

华东政法大学的杨师群老师代表他远在加拿大的兄长杨善群研究员发言。杨善群老师的书面发言指出，"刘修明先生是一位优秀的历史学家"。当年杨老师从兰州回沪工作后，在上海人生地不熟，经常仰仗研究室同人刘先生的鼎力相助。譬如，刘先生曾介绍他到古籍出版社联系出版事宜。后来刘先生出版的《毛泽东晚年过眼诗文录》也曾赠送给杨善群老师一套。"还记得在单位组织的一次赴浙江旅游活动中，我和刘先生一路同行，相谈甚欢。当时他健步如常，本想他可以更为长寿的，不想他就这样走了。"《学术月刊》退休编辑谢宝耿先生接着发言，他表示，前一天晚上为了来参加这个追思会，专门翻阅了以前和刘先生的往来信函，看了以后感慨万千。粗粗计算一下，刘先生生前在《学术月刊》一共发了 10 多篇文章。这些文章都是他经手的，很幸运能够刊发刘先生的稿子。他认为，刘先生的稿子立论好，文笔好，论证也严密，他自己感觉不是在审稿，而是在拜读学习。"和刘先生相识 40 多年了，那个时候我还年轻，刘先生在很多方面对自己有指导和教益。后来刘先生一度从历史所调到《社会科学报》，我们大家在一个大院子里，经常有碰头，交流也更多了。晚年他经常到苏州去居住，因为他说自己眼睛不太好，到苏州休养可以看到一望无际的绿色田野，对眼睛有好处。刘先生还热心助人，推荐过不少人的文章到《学术月刊》编辑部，不但帮小青年，也经常帮老朋友。"

历史研究所周武研究员亦强调，刘先生在学术上有他独到的建树。"我 1989 年到历史所，因为学科差异，交集不是很多，但刘先生出版的每一本书都送给我，这些著作上都有他的亲笔签名，可见他对我们这些后辈是非常提携的。刘先生那代学人是比较艰难的，他是在那一代学人中能够成功突围，并且取得重要成就的屈指可数的几位之一。还有一件事，王守稼先生 1988 年去世后，他们家里很困难，儿子也很小。所里有几位同仁，记得有刘修明、吴乾兑、吴桂龙等人，

每个月从自己工资里拿出一部分钱来资助王先生的家人，一直资助到王先生儿子高中毕业。另外，刘老师还为王守稼先生编过一本书，这本书是 1990 年出版的，那个时候出书很不容易，刘老师是动员了自己所有的关系和人脉来做这件事的，在这么困难的情况下，他还是想尽一切办法帮挚友完成了遗愿。"

复旦大学历史学系傅德华教授代表刘先生的母校发言。傅德华教授表示，刘修明先生是复旦大学历史学系的杰出系友，1958 级的系友中少有其他人取得像刘先生那样大的学术成就。傅教授还回忆，自己是 1970 年入校的，之后经常到徐家汇的老历史所来查资料，由此也和刘先生相识，向他请教过问题。他还有一个遗憾，就是刘先生晚年住在太湖边上疗养，曾邀自己去聊聊，谈谈复旦大学历史学系的人和事，但是因为一些事情耽搁了，一直没做成。

历史所同仁施扣柱副研究员发来了书面发言，她提到："刘修明老师是才子型的学者，著述丰厚，嘉惠学林多多！他气质儒雅，性情温和，尤其善待后辈学人。我曾旁听过刘老师的研究生课程，他的循循善诱给人留下深刻印象！他曾推荐我参与太湖通史项目，因那时我正在华东师大读博，难以分身，无奈辜负了他的雅意，深感内疚！他对后辈学人的关心堪称无微不至。"

最后，刘修明先生的长子刘潇江先生作了书面发言（因防疫原因，无法进入会场）。他首先感谢了会议的组织者和出席的各位师长，接着回忆了其父生活的诸片段："在我的印象里，父亲是个穷人，我还记得上个世纪 80 年代，他穿着打着补丁的中山装，被我的小学老师叫到办公室的情形；父亲是个勤奋的人，母亲时常对我提起，寒冷的冬夜，他披着棉袄在破旧的写字台上奋笔疾书；父亲是个直率的人，退休前几年，他老是自叹'刘郎才尽'，再也写不出上品的学术著作。我认为他最快乐的时光是在退休后的十几年里，采茶读书，含饴弄孙，那真是一段阳光灿烂的日子。"

与会者缅怀刘修明先生，感念他为学术界所做的贡献，并表示，他的精神将长久地保留在《从崩溃到中兴》《儒生与国运》《话说中国》等出版物中，和我们在一起。

（原载澎湃新闻，2022 年 4 月 5 日）

纪念《申报》创刊 150 周年：一份报纸与中国近代史

徐嘉滢　　陈　娅

1872 年 4 月 30 日，《申报》在上海公共租界的山东路创刊。从创刊到 1949 年 5 月 27 日停刊，《申报》存在 77 个年头，共出版 25000 多期。那时的上海，移民大量涌入，商业贸易繁荣，《申报》亦随着上海的发展而壮大起来，是我国商业性报纸的一个成功典范。商业报纸的成功，有力地促进了中国新闻事业的发展，带来许多社会革新。作为近代中国发行时间最久、具有广泛社会影响的报纸，《申报》被研究者视为中国近现代史的"百科全书"。

2022 年 4 月 30 日，由上海师范大学都市文化研究中心与上海社会科学院历史研究所现代史研究室联合举办的"《申报》创刊 150 周年"纪念云座谈顺利召开。座谈由上海师范大学苏智良教授召集，蒋杰副教授担任主持，与谈人包括上海社会科学院历史研究所的马军研究员、中共上海市委党校朱华教授、上海社会科学院历史研究所李志茗研究员、华东师范大学唐小兵教授、上海图书馆黄嬚婉副研究馆员与复旦大学傅德华教授等诸位专家学者。

主持人蒋杰在开幕词中表示，《申报》长达 70 余年的办报史，为我们保留了有关近代中国的政治、军事、文化、经济、外交以及社会生活方方面面的海量信息，毫不夸张地讲，《申报》是一部真正意义上的现代中国百科全书。本次纪念座谈会试图从新闻学、传播学、文学、历史学、历史文献学以及都市文化学等方面挖掘《申报》所蕴含的丰富资源，进一步汲取和诠释《申报》所具有的文物价值、史料价值与社会价值。

会议海报

　　座谈会首先由苏智良教授做主题报告"《申报》与近代中国——纪念申报创刊 150 周年"。《申报》在民国时期即具有很深的影响，发行量最大，流布地区最广。近代以来，江南百姓多将新闻纸叫作"申报纸"；20 世纪初朝鲜创办的新报叫《大韩每日申报》，可见《申报》的影响力已经超越了国界。《申报》在历史上充当着民族主义启蒙的窗口、抗日救亡的喉舌、传播新知识的媒介以及移风易俗的阵地等角色。《申报》的创办方针是"此报乃与华人阅看"，它标榜代表民众之利益，不代表政党、政治集团的利益。报馆地处租界，清政府及后来的北洋军阀、国民政府势力很难伸进租界，这对《申报》秉持较为独立的立场办报非常有利。相比当时的中国政府，租界内的新闻管理宽松许多，这是《申报》得以发达的重要原因之一。《申报》之影响中国，最重要的时期是史量才时代。1912 年史量才主持《申报》后，锐意改革，起用进步文人，改变《申报》言论似温吞水的状态，成为报界一面鲜明的旗帜，并对近代政治、文化社会之新陈代谢产生重大作用。"人有人格，报有报格，国有国格"，是史量才先生独立精神的写照。他坚持《申报》是自力更生的报纸，拒绝政府津贴，体现了文化人的铮铮铁骨，以致数次被勒令停刊，最终，他本人也因此被蒋介石集团杀害。但是，《申报》为民请命，为国家请命，有勇气有智谋的风骨流传不息。苏智良教授希望，当今的报纸向《申报》学习，维持并提升新闻采写的社会价值。最后，苏智良教授表示，希望与谈专家与后来的研究者能够在《申报》对城市精神的形塑、现代公民的养成方面继续深入研究。

《申报》发刊词

研究《申报》，绕不开历史上最出色的经营者史量才，傅德华教授在发言中做了史量才研究专业委员会"百年史量才研究"的回溯与展望。在《申报》创刊 140 周年之际，由庞荣棣女士积极牵线，在复旦大学、上海市历史学会、上海师范大学等高校的鼎力支持与努力下，上海史量才研究专业委员会于 2013 年 3 月 9 日在泗泾史量才故居正式揭牌，与会的全国各地专家学者兴致勃勃地参观了重新开放的史量才故居，并在泗泾镇政府会议室召开了"史量才与《申报》的发展"专题研讨会，由熊月之教授担任会长，傅德华教授担任常务副会长，庞荣棣、苏智良、陈建云、杨继光为副会长。10 年来，该专业委员会召开过五次史量才学术研讨会，出版了四本相关论文集，发表 60 余篇史量才的研究文章，编辑出版了三期会刊——《史量才研究专业委员通讯》。此外，傅教授还预告了自 6 月起即将开展的史量才学术会议与研究活动。他表示，未来，该专业委员会与广大会员将继续以史量才研究为中心，继续奉献，再创佳绩。他相信，有数字化助推、专家学者把关，史量才研究的前景一定会呈现出蓬勃景象。黄嬿婉研究员发表了关于"上海图书馆《申报》的收藏与利用"的主题报告。她提到，上海图书馆成立于 1952 年，在政府的支持下资源得到不断的丰富与完善，藏书量已达 5200 万册，《申报》收藏尤为令人瞩目，该馆收藏了三套《申报》原件。当年史量才上任时即有意识地征集收购过往《申报》并加以修缮保存。但由于《申报》出版跨度长，在人们的收藏意识不强、收藏条件欠佳的时代，完整保存全套《申报》实非易事。尽管国内众多图书馆藏有《申报》原件，但均残缺甚多，而上海图书馆所拥有的相对完整的《申报》得益于丰富的馆藏来源，如徐家汇天主堂藏书楼、申报馆资料室、鸿英图书馆。因此，上海图书馆是我国收藏《申报》数量最多、连续性最长的收藏机构，为学术研究、文献服务与出版创造了良好的物质条件。

在《申报》的影印出版方面，20 世纪 50 年代，中央和上海宣传部门领导提出影印《申报》。1957 年 12 月，文化部党组织经中共中央宣传部同意，将此任务交由北京中华书局负责，后因上海图书馆所藏的《申报》较全，在 1958 年 7 月将此任务转给中华书局上海编辑所。1958 年 8 月至 1959 年 12 月，编辑所对藏于徐家汇藏书楼的《申报》进行了全面检查，着手影印出版前期准备，并做了检查记录，标明该套《申报》的缺藏情况。由于当时财力物力的制约，这件事情一度被搁置。1964 年，上海出版文献资料编辑所接办，选择了若干天报纸进行缩小影印，后因"文革"，再次停止影印出版。1978 年后，上海市出版局又一次提出影印《申报》之事。但由于所需经费浩大，一时也没有落实。直到 1980 年代，影印《申报》再次提上日程。经过研讨，上海书店认为可以承担此项任务，向上级主动请战，得到批准，并得到了一定额度的贷款支持。上海书店聘请了一批出版界老同志，合理分工，有的搞报纸整理，有的搞材料印刷，有的搞宣传征订发行，同时与上海图书馆合作，做了大量基础性的整理工作，确保《申报》影印出版。由于年代久远，经过多次装订，影印前查阅的读者较多，有次序颠倒、字迹模糊等现象，上海图书馆也尽量予以调换修补。

索引是国际上重要报纸的通行惯例，编制索引有助于信息的检索和查阅，如《纽约时报》有《纽约时报索引》，《泰晤士报》有《泰晤士报索引》等。同样，为《申报》编制索引也是几代人的愿望。戈公振先生根据国外办报经验，在 1929 年 5 月创办了申报资料参考部，最早开始尝试申报索引的编制。可惜只进行一年便因为"九一八事变"而终止。1982 年上海书店开始影印工程后，即于次年 5 月成立了《申报索引》工作组，多次组织专家进行研讨，解决了采用分类法还是主题法、索引方法如何表示等诸多困难。后来，逐渐形成了《申报索引》编辑委员会，培养了一支索引编制队伍，中国索引协会的不少成员就是在上述编制队伍中的。这是中国手工编纂大型索引的最后巨作，后来的编撰工作则多经由计算机辅助编制。黄嬿婉副研究馆员表示，未来的大型报纸索引编辑工作将全面数字化，利用计算机全文检索技术大大提升效率与利用率。

上海社会科学院马军研究员发表了"我阅读《申报》纸本和使用数据库的体会"的主题演讲。对于申报的历史地位，他做了这样一个概括：《申报》的诞生是上海近代史上的一件大事；是上海史研究的一件大事（《申报》是研究者离不开的依托）；是上海新闻史乃至中国新闻史，某种意义上也是国际新闻史的一件大事。《申报》重大的学术意义在于：第一，比较精确地记载了那个时代的历史进程，这是重要历史事件记载的宝库；第二，是一个宝贵的文化财富，不管是历史研究者还是文化研究者，或者其他领域的文人，在《申报》学术公海里，都能找到所需要的财富；第三，《申报》也具有现实的功用性，对当今世界的现实意义也非常强烈，因为历史上所发生的事，起过作用的内在机制，可能今天也仍在起作用。尽管在科学技术上有了很大差别，那时候没有电脑、电话，但是人 100 年前碰到的生老病死，现在仍然是这样。此外，《申报》也是我们如何解决现实问题的重要坐标。

对比纸质本检索与数据库检索的差别，马军研究员颇有体会。同一单位的周元高先生无意中告诉他，自己曾用两年多时间通读完《申报》400 本，当时没什么感觉。后来为写作关于近代上海舞厅的著作，苦于没有索引资料，需要翻阅纸本，发现《申报》内容太丰富，特别是民国时期的内容一个月就一本，看一年就得翻 12 本。因此，刚开始翻《申报》好像大海捞针，不得要领。《申报》400 本，他翻了有 300 本，这时有了数据库，他就利用数据库，不再去翻纸本了。他表示，现在很多年轻人通过关键词的输入可以高效获得所要的结果，但是翻实物可以给研究者一种实感，好像在经历历史的进程，这种感觉其实是关键词检索不具有的。这种体验对研究者是需要的。周先生提到，在翻阅 300 本《申报》的过程中，他带着一种或者两种目的去翻，但并不限于此，有其他有意思的发现也会记录下来。"当下可能是次要的问题，但不排除以后可能是重要的研究选题，所以一定不能局限于自己当前想干什么，要把视野放宽。"

当然，使用数据库也便于快速收集到巨量材料；全文检索能够搜索到页面，可以核对以往的引文，例如在修订《上海工人运动史》的过程中，通过数据库可以很快找到原文，关键词的发散式使用也能够在一定程度上发散思维。马军研究员提到，要将文本与数据库结合使用："这是拙与巧的结合。以往的方法是拙的，但拙却有好处。虽然用数据库很巧，但不实在。就像一个练武之人，不练马步，专门练招式是不牢靠的，所以要将两者结合起来。"他建议每个学者在做专题研究的时候，用《申报》来编撰这个研究的工具书。要编出有价值的《申报》史料，资料书是能传至后代，留下真正有价值的东西。每个人除了自己研究外，都编一本专题资料集，就可以使《申报》的研究更全面。

华东师范大学历史学系唐小兵教授做了"申报与左翼文化运动"的主题报告。他表示，无论是将《申报》作为近代报纸资料来源，还是探讨报馆与政治力量的关系，都会给我们提供很深的启发。唐教授回顾了自己与《申报》的渊源，他个人早期的研究对象偏重平津自由主义知识分子，但通过研究《申报》副刊《自由谈》，对左翼文化和左翼文化人有了更多的理解。因此，《申报》对他来说是有特殊意义的。他指出，认识《申报》的角色与功能首先要将其放在近代报刊三足鼎立的版图中间，权且将报刊分为以《申报》《新闻报》为代表的商业型报刊，《大公报》所代表的新闻专业主义取向的政论报刊，以及《中央日报》《解放日报》为标志的党报三种类型。而《申报》是近代中国存在时间最长、发行量最大而且比较偏市民文化的商业报刊。1930 年代，林语堂在美国出版的英文著作《中国新闻舆论史》，对《大公报》与《申报》做了比较，那时候在上海创办《宇宙风》《论语》和《人间世》等幽默刊物的他对于《申报》和《大公报》有着这样的臧否："《大公报》无疑是中国最为进步、编辑最佳的中文报纸，而《申报》和《新闻报》则是旧时保守大报的代表，同时也均在编辑最差的报纸之列。两者的区别仅在于《申报》的编辑水平差强人意，而《新闻报》则毫无编辑工序可言。不过这两报却是当今发行量最大的大报，两者皆称发行量达到 15 万份，但实际调查显示，目前这两家报纸的发行量均不到 10 万份，而《大公报》公布其发行量为 3.5 万份。由此可见，销量最好的报纸却是编辑最差的，因为这些报纸都是以广告作为主体，新闻反而退居其次，仅仅用以填充广告排完后剩余的零散空间。而编辑水平更好的报纸只能影响较少公众。当然，这种现象是完全正常的。何况，编辑水平不错的报纸也有问题，通过我们对《大公报》的分析可见一斑。《大公报》的排版、印刷和新闻业务水平都无可挑剔，但它却明显倾向于迎合一部分受过优良教育的受众。"这自然是林语堂的一家之言，或许有可商榷之处，不过也给我们打开了另外一些视角来认知和解读《申报》，即使在 1930 年代，对《申报》和《大公报》的认知也是见仁见智的。

　　《申报》除了在近代中国史研究中是重要资料，从报纸本身的专业主义进程来对比也是另一种研究视角。《申报》起初是自觉去政治化的商业报刊，后来开始介入政治，针对国民党对中共根据地的围剿发表批判性言论，认为是国民党一党独裁的政策导致抗争政治的产生。《申报》也援引刚从法国回来的湖南人黎烈文主编《自由谈》，吸引了大量左翼文化人，比如鲁迅、茅盾等左翼作家在报纸上发表专栏、随笔，讲述贫富两极状况，通过文艺来进行政治动员。蒋介石对此很不满，史量才也被杀害。抗战时没有跟随政府内迁的《申报》在 1945 年后自身存在的正当性遭受质疑，后被国民政府渗透并全面控制，相对于《大公报》，社会影响力下降。从去政治化到介入政治，到最终被政治力量操控，反映了《申报》自身的历史脉络。有个意味深长的问题值得我们思考，即在特定时代里，政治力量试图操纵言论的时候，报馆该怎么处理与政治力量的关系。其实并不存在完全独立的媒体，媒体不可能生存在完全去政治化的真空里，所有媒体都可能小心翼翼地处理与权力的关系，来维护一个有限的表达空间。这也是《申报》和《大公报》的媒体生命力横向对比可以留给我们的一个启示。

《申报》不仅是报纸，还有很多延伸产品，比如《申报月刊》、申报流通图书馆、量才补习学校、《读书生活》杂志等。《大公报》更多的是跟北京大学、清华大学、燕京大学、南开大学等著名学府以及平津上层知识分子有更多互动，可以说走的是精英主义的报人报国路线；《申报》则服务于地方、城市和市民阶层，更多面向中小知识青年甚至学徒工等群体，具有独特的平民主义特点，这也在 1930 年代的公共舆论里形成南北对峙的有趣对比。唐小兵教授曾在研究中将左翼知识分子分为三种类型：以左联党团书记为代表的组织化左翼、以鲁迅为精神领袖强调精神独立的左翼，以及注重社会科学通俗化的左翼知识分子。《申报》主要面向普通大众讲述唯物辩证法和马克思主义等，比如艾思奇的《大众哲学》（1949 年之前印刷了 48 次之多）和柳湜的《街头讲话》就是其中典范，将因为个体生活处境而对政治和社会不满的中小知识青年都纳入读者群体之中，形成了一个抗争不公不义的"想象共同体"，起到了在都市里进行革命动员的作用。

上海社会科学院的李志茗研究员做了"海上覆归舟——《申报》中的普济轮船失事报道"的主题报告。他的报告缘起于他此前研究的一个人物：徐定超。徐定超在一次上海的航运事故——普济轮船失事中去世，《申报》上有 23 篇关于这次事故的报道。李志茗研究员试图由此作为切入点，探讨事故是怎么发生的、过程如何，《申报》怎样进行灾难报道，舆论对徐定超之死有什么反应等，但研究的结果未能如他所愿，如同本来要到这个房间，结果却进了另一个房间。海难事故发生后，当天上海的西方报刊《文汇报》就做了报道。《申报》第二天跟进报道，标题为"普济轮船失事"，内容由五封访函和上述《文汇报》报道组成。但对于具体遇害人数，各方说法多有矛盾歧义，宛如罗生门。《申报》从 1 月 6 日起每天连续报道至 28 日，共 23 次；没有提到事故原因、真相、遇难人数及善后事宜，可不知什么原因，《申报》的连续报道就此戛然而止，很有些虎头蛇尾。过了 20 天，《申报》又开始报道与普济轮船失事有关的消息。遗憾的是，招商局如何解决善后，给予遇难者家属说法和赔付，则未见《申报》报道。就此而言，《申报》有关普济轮船失事案的后续报道并不完整。普济轮船失事，《申报》成功地制造和生产话语，形成不同时段的三个系列的连续报道 33 篇，加上零散的相关报道，应该有 40 篇左右，这些记录和书写便是媒介记忆。当我们提取和审视这些媒介记忆时，便发现《申报》的报道都是关于事故过程或某个侧面的，并且不加甄别地罗列各种信息和说法，鱼龙混杂，还时有重复，令人无所适从。有学者说，《申报》是一部极其翔实的上海城市日志，诚然如此。但要从中寻觅真相，则须花费很大功夫，做一番去粗存精、去伪存真的工作，倘若作为史料引用，也要谨慎。《申报》只是信息的搬运工，不作对错判断，也不核实真假。如果对其报道不加辨别拿来就用，很可能犯错。当然，这与报纸的特点有关，它更多的是承担信息传播的职能，须及时快速，且满足受众需求，因此难免主观片面，良莠不齐。尽管《申报》存在缺点或不足，但有个便利条件是可以自由译录外报。这不仅可以补充其内容之不足，而且又具有国际性，中西合璧，视角多元，所以享有近代中国资料宝库之称的美名。

中共上海市委党校朱华教授讲述了他个人利用《申报》的体会与看法，主要包括三点：

其一是个人利用《申报》做了哪些工作。第一是史实考订方面，在"四一二政变"的相关研究中，关于国民党中央监察委员会会议的具体时间与名称，《申报》的报道提供了关键证据。第二是上海人名、地名的翻译参考。上海史典籍翻译，人名、地名回译是个很费时费力的事情。利用《申报》就可以很好地解决这个问题，例如上海话与普通话中有歧义的地方，就能够在《申报》报道中找到对照。这对于上海史研究来说，必不可少。第三，能够发现很多有趣的事实，例如晚清的卖官鬻爵价码，能在报纸中找到确切记载。

其二是研究者个人对《申报》的认识。他提到，《申报》的地方社会新闻报道一般比较准确，假新闻相对罕见。报纸记者会加一些噱头，但基本事实是真实的。涉及政治、军事的新闻准确性如何要具体分析，当时军方说假话的比较多，新闻记者未必能搞清楚。此外，该报作为商业性报纸在政治上比较开放。敏感新闻不用新闻报道出来，转用广告登载出来也是一种报道策略。华东师范大学邬国义教授近年对《申报》首任主笔蒋其章（芷湘）生平的考证发掘很有成就。但对民国前期主笔陈冷血（景韩），我们目前还所知甚少。此人地位十分重要。

其三，他认为，《申报》的史料价值不能低估，具有档案不能替代的作用，有些记者甚至成了著名史学家。所以就这个意义而言，目前在上海史研究中，对于《申报》的利用和发掘还有很大提升空间。例如，《申报》的社论、评论大致可以反映出华人精英知识分子的心路历程，不仅涉及面广，而且相当复杂。现在的各种分析框架，都很难简单予以概括。从中不难看出，随着民族意识、民主意识逐步加强，受到这种观念熏陶的人越来越多。他提到，想要进一步理解中国近代社会的变迁，分阶段地多读一些《申报》恐怕是一条比较好的路径。当然，泛泛地读也可以发现许多社会进化的痕迹，还可以纠正许多片面知识。历史研究现在很讲究方法，工欲善其事，必先利其器。但更重要的是，得把基本史实弄清楚，只有全面地而不是零碎地掌握史实，研究才会接近真相。

最后，本次座谈的特别嘉宾、《申报月刊》主编俞颂华的长孙俞梅荪（中国政法大学特聘研究员）谈到了家族历史和《申报》的渊源。他讲述了祖父俞颂华（1893—1947）和《申报》的渊源。申报馆一共五层，史量才和俞颂华一起在楼里办公。涉及俞颂华的三个重要时间点有：1932 年创办《申报月刊》；1935 年担任《申报》总主笔；1937 年 4 月，和记者孙恩霖到延安采访，与毛泽东彻夜长谈。解放后，申报馆变成解放日报社，保留了《申报》的历史渊源，1997 年在《申报》创刊 125 周年之际，恢复了申报馆旧址的使用。1920 年 10 月，俞颂华担任上海《时事新报》和北京《晨报》两报的特派记者，邀瞿秋白为俄文翻译，前往苏俄采访；1921 年 5 月，俞颂华只身前往德国常驻，采访欧洲各国，成为我国第一位走出国门的记者；1924 年回国，在商务印书馆《东方杂志》担任编辑，成绩卓著。1932 年 1 月 28 日，淞沪抗战爆发，商务印书馆及其《东方杂志》被日军飞机炸毁而停办，南京国民政府监察院院长于右任聘请俞颂华前往南京担任监察委员，被他谢绝，他坚持继续做报人。史量才得知后，热情聘请俞颂华创办

《申报月刊》，两人志同道合，精诚合作，刊物越办越好。俞梅荪指出，目前，国内对于俞颂华的研究还远远不够。

报告环节到此结束。主持人蒋杰对于各位学者提到的问题，做了两点补充。其一是如何把纸本和电子版检索工具结合起来。他认为，两种工具都需要，但更应该考虑：我们的研究是在哪一个维度，究竟是要做一个详细的研究，还是只是查询核对一条信息。利用《申报》的时候，一定要两者相结合。其二是对《申报》的开发利用即将进入第三个时代——即在纸质时代、数字化时代之后的数据化时代。他表示，目前法国埃克斯-马赛大学安克强教授团队已开发出《申报》语料库。今后将一些数字人文工具与此语料库相结合，不仅可以大大提高研究的效率，更能碰撞出很多新的研究"火花"。最后，与会专家与线上听众进行了问答互动，纪念座谈会圆满落幕。

（原载澎湃新闻，2022 年 5 月 3 日）

纪念民族英雄陈化成殉国 180 周年活动在线上举行

吴 越

今年是民族英雄陈化成殉国 180 周年。6 月 15 日下午，来自上海、厦门、台湾的专家学者以线上座谈会的形式，共同缅怀陈化成等为国捐躯的爱国志士，感悟先辈们为保家卫国而英勇牺牲的伟大民族精神和爱国情怀。

陈化成是鸦片战争时期的杰出爱国将领，是中国近代史上一位重要的民族英雄。他曾任台湾水师副将、福建水师提督，足迹遍布海峡两岸，并在鸦片战争爆发期间临危受命，任江南提督，在长江口两岸铸炮筑垒，积极设防。1842 年 6 月 16 日，面对入侵英军的强大火力，陈化成在腹背受敌的情势下誓死守卫吴淞口，直至血透征袍，力战殉国。

陈化成纪念馆位于宝山区友谊路 1 号淞沪抗战纪念公园内。1992 年 6 月 16 日陈化成将军殉国 150 周年纪念日时，利用原宝山孔庙大成殿作为馆舍建成的陈化成纪念馆对外开放，由赵朴初题写馆名。1996 年 11 月 30 日，上海市人民政府命名纪念馆为"上海市青少年教育基地"。2003 年 1 月 28 日起免费开放，同月，被上海市人民政府命名为"上海市爱国主义教育基地"。2016 年，对纪念馆进行易地新建，在原馆东侧新建了面积约 300 平方米的新馆。陈列内容分为"少年从军、历著战功""临危受命、血洒宝山""民族英雄、名垂史册"三个部分，全面展示了陈化成英勇壮烈的一生。另外，在馆的北侧辟有"化成广场"，由吴淞镇居民、上钢五厂团员青年捐款塑造的陈化成铜像高高矗立在广场上。

100 多年来，陈化成为国为民、忠勇不屈的民族精神始终激励着后人。如今，中华民族在浴火重生后踏上了伟大复兴的新征程。对民族英雄陈化成的追忆和纪念成为两岸人民共同守护和传承的民族记忆。会上，上海陈化成纪念馆倡议成立陈化成展示研究联盟，集聚各方力量，促进陈化成相关历史文化和民族精神的深度挖掘，将有关陈化成的宣传展示和学术研究提升到一个新的阶段，为传承弘扬陈化成爱国精神，增强广大人民的家国情怀，做出努力和贡献。

会议邀请到上海师范大学教授苏智良作题为"民族英雄陈化成永垂青史"的主旨发言，国防大学政治学院教授张云做会议总结，上海社科院历史研究所研究员马军主持会议。座谈会上还分享了入选世界非物质文化遗产名录的闽南古老乐种"南音"所演绎的关于陈化成血战吴淞口的歌曲。词曲分别由厦门市文史专家、博物馆研究员何丙仲和福建南音省级代表性传承人卓圣翔创作，演唱者为福建南音省级代表性传承人罗纯祯。

本次会议由上海市宝山区文化和旅游局与厦门市思明区文化和旅游局联合指导，上海市宝山区文物保护管理所和厦门市思明区文化馆（文物保护中心）、上海抗战研究会联合主办，由厦门市思明区社科联、上海社科院历史研究所现代史研究室协办。

（原载上观新闻，2022 年 6 月 15 日）

以小见大的抗战研究：纪念全面抗战爆发 85 周年青年学生论坛

江文君

2022 年 7 月 6 日上午，"纪念全面抗战爆发 85 周年"青年学生论坛顺利开幕。本次会议由上海师范大学都市文化研究中心、上海社会科学院历史研究所现代史研究室共同主办，另由上海抗战与世界反法西斯战争研究会、上海淞沪抗战纪念馆、上海炎黄文化研究会共同协办。

1937 年抗日战争全面爆发后，朱德同志担任八路军总司令。这是他在延安号召八路军指战员坚决执行毛主席的政治路线和军事路线，坚持抗战到底。上海师范大学都市文化研究中心主任苏智良教授做大会主旨发言。他讲到，近年来上海师范大学每年都举办相关的学术研讨会，在中国史研究中，抗战史具有非常重要的意义。2022 年 7 月 7 日

会议海报

是全面抗战爆发 85 周年纪念日，此时回顾抗战历史具有特殊的意义。本次青年学生抗战史论坛的题目多是力求以小见大，从论述来看多是让史料说话，以事实为依据，具有原创价值，这样的线上会议是非常好的切磋学问的机会。尤其要指出的是，抗战史不仅是个历史问题，更是一个现实问题。

接下来是参加本次会议的八位青年学者依次发表论文汇报。第一场报告是南开大学博士生潘岩的"全面抗战初期中国空军作战计划实施管窥——以'人道远征'为中心的考察"。该研究以 1938 年 5 月 19 日中国空军对日本九州地区的"人道远征"为考察对象。面对毫无经验的越洋飞行，所有实施过程均需小心谨慎，为此，中国空军认真分析了机型、机场、人员、携带物品的选择，并密切关注本国及日本的气候情况。值得注意的是，在实施过程中存在着一个层层"减码"的过程，最终只能选择携带传单进行"人道远征"。事实上，中国空军所面临的"无米之炊"窘境是贫穷积弱的中国面对强敌时的必然境遇，限制了作战计划的实施。尽管如此，中国空军仍以坚强的决心和细致的策划为此次行动的成功执行奠定了基础。

第二场报告是上海师范大学蒋欣凯博士的"战后初期中国对意劫文物的追索"。抗战胜利后，中国除了需要努力收回日本掠夺的文物外，还曾尝试收回意大利在庚子事变中劫走的文物。1943 年 9 月意大利向同盟国投降，国民政府遂于同年底开始研究制订收回意劫文物的政策，通过国内文博机构和驻外使馆联合调查以摸清文物损失情况，但所得调查结果与实际损失相比相差悬殊。国民政府也未积极在第二次巴黎和会中提出收回意劫文物的专款，但即便如此，中国方面在理论上仍有机会按照《对意和约》第 75 条意大利劫物归还的一般规定，追索这批文物。

国防大学韩洪泉教授对上述两位青年学者的论文进行了点评。他认为两篇论文选题都非常有价值，潘岩的研究以小见大，以点带面，此次"人道远征"是战争期间的非战争行动，类似于舆论战、宣传战。但论文讨论的这部分是作战准备，而不是作战实施，建议题目略为修改。蒋博士的论文注意到了意劫文物与日劫文物的比较，不足之处是史料较为单一，有些个案分析似乎没有交代最终结果，有较大的缺憾，建议今后继续充分挖掘史料，分析可以更深入，如能找到当时当事人的私人日记、回忆、书信等史料，或许能够更令人信服。

第三场报告是上海师范大学张如意博士的"湖南'慰安妇'问题研究"。该文指出，抗战期间日本军队在中国大规模地实施了惨无人道的"慰安妇"制度。鉴于中国军队在湖南战场上曾进行了四次长沙会战、常德会战、衡阳会战、湘西会战等大规模交战，作者结合湖南战局，把湖南沦陷区划分为四个种类，分别是长期沦陷地区、多次沦陷地区、短期沦陷地区、1944—1945年沦陷地区，并由此重点分析了慰安所的分布情况，特别是着重研究了在战争前线日军遍设临时慰安所，肆意掳掠女性充当性奴隶的情况。

第四场报告是上海师范大学赵文文博士的"日军'慰安妇'问题研究及申遗进展"。作者指出，日军"慰安妇"问题既是第二次世界大战期间日本国家的战争犯罪，也是二战的遗留问题。由于战时日本政府及军队实施这一集体性暴力的隐秘性，以及战后对这一问题的有意掩盖、对战争责任的推卸，使得这一史实长期被隐藏，日本政府试图通过否认"慰安妇"制度来否认二战时期日本帝国政府的战争责任。本文从"慰安妇"产生的历史背景、中国"慰安妇"受害者赴日诉讼、联合国对"慰安妇"问题调查报告的研究，以及近几年"慰安妇"档案申遗的进展展开分析，具体涉及中国的单独申遗、后续国际联合申遗，以及日本右翼势力的阻挠等问题。

上海师范大学的陈丽菲教授对以上两位博士的报告做了点评。陈老师指出，张如意从硕士阶段就参加了由自己领衔带队的中国"慰安妇"调查团队，本次提交的论文总体上思路清晰，有具体的案例分析。她建议作者考虑将案例和核心概念统一起来，并将"慰安妇"制度界定为日本军国主义犯下的国家暴行，而非一般意义上的战争性暴力，同时亦应将湖南等地的区域研究与国内其他区域进行比较分析。赵文文博士的研究则弥补了空白，文章思路脉络清晰，但研究中有些措辞称谓尚需严格鉴别区分，譬如，"慰安妇"这一用词是日本军国主义强加给受害女性的侮辱性称谓，其实质是日军性奴隶，同时她还建议增加该项研究中的表格统计，将申遗过程中交锋双方的观点一一罗列出来，以便更加直观和清晰地看到不同历史记忆之间的交锋和论战。

下午的第一场报告是浙江大学徐嵩博士的"抗战时期上海郊县'清乡'竹篱

笆封锁线考察——基于日伪国民政府清乡委员会上海分会档案的研究"。作者认为，作为日军在沦陷区实行"以华制华""以战养战"政策的具体行动，汪伪政权在日军指使和支持下于 1941 年至 1945 年间在华中沦陷区进行的"清乡"运动是以军事清剿为主，兼具政治渗透、经济劫掠和思想奴役等多方面内容的综合性行动，与原先日军对敌后抗日武装进行的突击式军事"扫荡"存在质的不同。以往海内外学界对于日伪"清乡"运动的研究虽已取得了丰硕的成果，但对于"军事清乡"中日伪为将"清乡区域""和平区域"和沦陷区民众与游击队隔离开来所兴建的封锁体系，尚未见到相关研究专著。本研究从上海郊县地区竹篱笆封锁线的构筑、作用、破击这三方面入手，旨在探讨日伪在该区域内"清乡"封锁体系的运作状况，以及当地居民在"清乡"封锁下的苦难生活。

第二场报告是华东师范大学桂强博士的"从专商引岸制到日伪政府'官收官运官销'制——沦陷时期上海郊县盐务管理制度的变迁"。该研究通过考察沦陷时期上海郊县盐务管理制度的演变，深化对日伪统治区域内盐政体制的认识，从而推动抗日战争史的研究。抗战全面爆发后，上海郊县及松盐产区相继沦陷，原有的专商引岸制度也随之崩溃。由于食盐关系重大，1938 年日伪开始重建食盐运销体系。至此，上海郊县的食盐体制也由战前的专商引岸制，转为由日伪政府统制下的"官收官运官销"体制。

复旦大学陈雁教授对上述两场报告进行了点评。她认为，徐嵩对汪伪上海郊县"清乡"的研究是一个很好的学术传承和接续，能够进一步拓展该研究领域。将沦陷区上海郊县的封锁体系作为研究主题，也是非常新颖、非常有价值的，尤其是将官方的档案与私人记录、地方文献相结合来加以论证考察。她建议文章里的一些专业用词尚需做出注释并探析。另外，对于上海郊县的地理范围也应给出适当的界定和解释。桂强对上海郊县盐务的研究揭示了日本对中国的全面殖民统治是如何渗透到沦陷区的方方面面，同时也讲述了日汪之间的利益冲突。其中有关盐务的材料大量使用了地方档案馆的文献，可谓扎实、可靠。仍需进一步提升的是，一些原始引文尚需尽量转化为自己的语言表达，对现象背后的原因需要更为深入的分析、推敲和讨论。

下午的第三场报告是华东师范大学孟浩博士的"从地方事业到国家工程：民

国时期贵州公路系统的构建（1926—1945）"。报告人指出，贵州地处滇、桂、湘、川四省中心，实为"西南之奥区"，战略地位十分突出。民国以降，建设公路的浪潮席卷全国，黔省军阀出于强化割据统治、发展地方经济等方面的考量，也开启了贵州的"筑路运动"，但囿于地方财力，贵州公路建设进程十分缓慢。进入1930年代后，国民政府面临着三重危机：一是红色政权的快速扩张与挑战，二是国内地方实力派的割据统治，三是日本帝国主义的军事威胁。但危机当中也潜藏着"转机"。1934年红军主力部队的西撤为蒋介石顺势解决西南割据问题及筹建抗战根据地创造了机会。于是，在"剿共""治边""国防"三重需求的驱动下，黔省公路建设从一项"地方事业"升级为"国家工程"，南京方面为此投入了大量人力、物力与财力。而这种"付出"最终在抗战全面爆发之后获得了预期的"回报"，以贵阳为中心的西南公路网络起到了转接各国际通道的作用，在很大程度上保障了大后方的物资供应与出口换汇。然而，随着抗日战争的胜利，贵州的战略地位一落千丈，其周边各省也回到了原有的交通格局和贸易体系中，黔省公路系统最终被"闲置"。回顾这段曲折的地方交通史，报告人希望能对目前抗战史研究中存在的"空间"上的不平衡性和"时间"上的局限性进行反思，同时倡导对"公路"这一近代交通基础设施及其相关议题的关注。

第四场报告是上海师范大学陆轶隽博士的"上海老工人的抗战生活记忆"，他研究的主要史料基于1950年代的上海老工人口述资料。1952年，上海总工会成立上海工人运动史料委员会，对于新民主主义革命时期上海工人运动的历史开展资料征集、初步研究等工作。1957年至1958年，为纪念上海工人三次武装起义，史料委员会向当年积极参与五卅运动、大革命等的老工人进行口述资料的收集，书面记录即为"老工人谈话记录"，目前藏于上海社科院历史所现代史室。陆轶隽利用其中涉及抗战生活的部分，尝试在知识阶层外，寻找到一条接近底层民众日常生活实态的一条通路，通过提供民众的回应视角，开启抗战史的"微观史"探索，借抗战中芸芸众生的个体经验达到见微知著的目的。

华东师范大学的阮清华教授对以上两篇论文做了点评。他认为孟浩的论文很有意义，近年来有关西南的区域研究渐渐热起来，该文则试图讨论国家建构这样一个宏大的主题，即国民党中央力量在进入贵州后，如何将贵州建设作为将来抗战的后方基地。该论文成功地将交通史与现代化史这两方面有机地联系贯通了起来。有些不足的是，这篇论文由于是博士论文的一部分，点、面有些铺陈太开，需要进一步深化对主题的提炼，删除枝节，加强聚焦。陆轶隽的研究选题也非常有意思，这些老工人的谈话记录语言非常生动，但是有些概念和分类需要特别谨慎，作为被打捞的历史上失语的无声者（工人），他们的叙述到底有多少新意，需要与知识人的回忆口述加以区别、比较、提炼。此外，这些记忆因为是 1950 年代的事后追述，所以其内容到底是抗战生活经历本身固有的，还是受到新中国成立后的政治教育和历次运动的影响，以至形成了一种新的抗战记忆，这是需要斟酌考量的。阮教授还认为，现在以个案形式呈现的这项研究，如果以史实罗列的叙述方式加以呈现会有一些不足，建议可以进行一下分类，尝试做些量化的分析研究，说服力应该会更强些。

会议最后，上海社会科学院历史研究所现代史研究室主任马军研究员做了总结发言。他首先指出，抗战史纪念这个专题禁忌较少，开放性很大，本次论坛的一个鲜明的特点就是八位年轻学者充当了主角，青年人精力充沛，对于新的史料资讯手段非常敏感，并且能熟练掌握与应用。其次，在重要的历史节点，需要史学工作者感知历史，承担历史责任，发出学术界的声音。从今天的青年论坛可以看出，抗战研究的学术代差是非常明显的，研究手段和旨趣都与二三十年前有了显著的不同与进步。他期待青年学者在做抗战史研究时兼具世界眼光，把整个第二次世界大战史和中国抗战史结合起来，注意借鉴国外学术界"二战"史研究的关注热点和先进方法。与此同时，青年学者还需要有一种长时段的视野，将抗战史置于中国近现代史的整个进程之中，而不应以孤立、割裂的视角来看待它。他还鼓励青年学者能利用自己个人生活的特色和兴趣所长，将其与研究选题结合起来，发挥更大的能动性。最后，作为历史研究者，钻研抗战史还有一个重要的现实意义，那就是通过自身的专业探索去影响周边人士，以便他们加深对这一特定历史的理解和认知，妥善地处理历史和现实的关系，并深入理解近现代日本与当代日本的差异。

（原载澎湃新闻，2022 年 7 月 24 日）

发行前辈遗稿，传承革命精神

——记《上海大学简史（初稿）》发行会

现代史研究室

2022 年 10 月 16 日是薛尚实同志逝世 45 周年纪念日。薛尚实（1903—1977），上海大学学生，中共城市斗争的重要领导人，中共青岛市委原书记，同济大学原党委书记、校长，中共上海市委原委员，上海社会科学院历史研究所现代史组原成员。

为纪念薛尚实先生的革命事迹及其对编纂上海大学校史等文史工作的贡献，以及庆祝上海大学建校 100 周年，上海社会科学院历史研究所现代史研究室于 10 月 15 日假座逸山咖啡（宏汇国际店）举办史料发行会，会上公布了由薛尚实、吕继贵等上海社科院历史所现代史组成员于 1962 年所作，迄今发现最早的上海大学校史——《上海大学简史（初稿）》。该校史详细记录了上海大学自 1922 年由东南高等专科师范学校改组以来的教育教学活动，以及深度参与声援日华纱厂罢工、参加五卅运动与三次武装起义等革命活动的史实，是研究早期中共党史的重要历史资料。

薛尚实

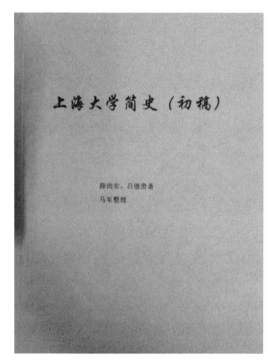

《上海大学简史（初稿）》书影

薛尚实先生之子钱晓平先生（左二）

本次发行会有来自同济大学、上海大学、上海社会科学院、上海师范大学、华东师范大学等沪上高校和研究机构的文史工作者，以及来自社会各界的文史爱好者，共计 30 余人出席。值得一提的是，本室邀请了薛尚实先生之子钱晓平先生莅临本次发行会。

上大校友座谈合影（右二为上海大学校党委宣传部副部长吴铭）

会上，上海大学校党委宣传部副部长吴铭代表上海大学校方对本次发行会的顺利召开表示衷心感谢，不少上海大学的校友听闻本次发行会的资讯后，纷纷来到发行会现场，通过领取资料、开展简短座谈的形式，缅怀老学长薛尚实同志在参与城市斗争时的革命事迹，以及在早期党史研究领域的辛勤工作。本次发行会的顺利举行，不仅让尘封 60 年的史料得以再度面世，更是以实际行动追念革命先贤，为党的二十大胜利召开增光添彩。

（原载"沪东沪西"微信公众号，2022 年 10 月 16 日）

金山卫阻击战 85 周年："侵华日军金山卫登陆与中国抗战"国际学术研讨会

邓一帆

11 月 4—6 日，"侵华日军金山卫登陆与中国抗战"国际学术研讨会在上海市金山区举行。会议由上海社会科学院历史研究所现代史研究室主办，上海抗战与世界反法西斯战争研究会、上海师范大学都市文化研究中心协办，上海社会科学院国际合作处、金山区党史办及金山区党群服务中心给予大力支持。来自中国、法国、加拿大、美国、韩国、日本等国高校及科研院所的近 30 名学者，通过线上和线下相结合的方式参加了会议。

上海社会科学院历史研究所现代史研究室主任马军研究员在开幕式中指出，研究日军金山卫登陆，不仅具有考察上海抗战的意义，对于探寻近代日本军队的发展轨迹和基本特征亦具有特殊价值。在伟大的中国人民抗日战争、世界反法西斯战争暨金山卫阻击战爆发 85 周年这个重要的历史节点予以回溯、反思，重点揭露日军的侵略和残暴，反映上海民众在抗战中的艰难与苦斗，是我们史学界不能回避的责任。

上海抗战与世界反法西斯战争研究会会长、国防大学政治学院教授张云进行了题为"中共抗战为新中国成立奠定了哪些基础"的主旨报告。他分别从广泛的政治基础、强大的军事基础、坚定的思想文化基础、坚强的领导核心等四个方面进行了重点阐述，抗日战争的烽火锤炼极大地提高了党的战斗力和凝聚力，为中国革命的最后胜利和新中国的诞生奠定了坚实的基础。

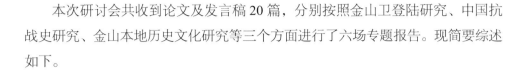

本次研讨会共收到论文及发言稿20篇，分别按照金山卫登陆研究、中国抗战史研究、金山本地历史文化研究等三个方面进行了六场专题报告。现简要综述如下。

金山卫登陆研究

上海淞沪抗战纪念馆副研究馆员邓一帆分享了近年来在南京、金山、嘉善、嘉兴、松江等地的档案馆和图书馆收集到的有关金山卫登陆的档案资料，并作了题为"枫泾阻击战及其历史意义"的发言。她结合相关档案材料对日军选择金山卫登陆的历史背景和原因进行了剖析，梳理了枫泾阻击战的全过程，指出这是一场明知不可为而为之、明知不可胜而战之的殊死之战。

加拿大英属哥伦比亚大学教授郭威廷的《黄八妹与金山抗战》，以20世纪三四十年代活跃于上海金山和浙江乍浦的抗日女将黄八妹为考察对象，通过对她生平及特点的研究，对中国底层妇女之类的"小人物"，特别是"女匪"在抗战中的生存策略进行了探讨，为上海抗战史研究提供了一个新视野。

上海社会科学院历史研究所研究员李志茗的《金山卫登陆战的创伤记忆》，以《申报》《金山县鉴》《金山文史通讯》等为主体资料，就日军登陆给金山人民留下的灾难记忆如何被记录、被传承进行了梳理。他指出在金山地区，从日军登陆一开始，有关战争的创伤记忆就一直在传衍，在特定的时候被唤起、激活、记录、书写，不断升华，成为集体记忆，告诫后人要珍爱和平，远离战争，警惕历史悲剧重演。

上海师范大学人文学院博士研究生陈斌的《文献资料中的"枫泾阻击战"》，从战史、画报、写真、明信片及相关日文档案几个方面对中日两国有关枫泾阻击战的文献资料进行了梳理和介绍，希望能将这些历史碎片拼凑起来，真实地还原这段历史。他还向大家展示了自己收集的一些日本战时画报。

上海社会科学院历史研究所硕士研究生符涛的《〈申报〉中的金山卫登陆系列报道研究》一文，以《申报》新闻报道为切入点，将1937年11月到1938年12月间《申报》关于金山卫登陆的42篇报道与相关史料进行比较，得出新闻报道虽然可以还原出一定的历史面貌，但仍存在失真和滞后等问题，在利用时需要进行考证和辨析的结论。

中国史抗战研究

马军的《从纯军事角度看"八一三"战事》一文，从战略、战役、战术等角度提出新的观点。他认为，在"八一三"战事中，中国军队不宜在近海和上海城市近地与敌决战，而应该选择苏州、无锡一带，并依靠战略预备队实施积极防御。

华东师范大学马克思主义学院副教授董建波的《抗日战争期间江南沦陷区日伪县级情报组织及其活动述略》，聚焦抗日战争时期日伪在其侵占的江南各县设立的情报组织，对特定区域日伪情报系统的整体构成及其运作，特别是对日伪在沦陷区县级以下区域的情报组织及其活动情况进行了详细考察。

日本庆应义塾大学教授段瑞聪的《近年来日本的中国抗战史研究》，对战后日本学者出版的中日战争史类书籍进行了梳理，详细介绍了近代日本学界在中国抗战史方面的研究成果，讨论了中日两国抗战史研究的共性与个性问题，指出正确认识近代日本对中国的侵略、公正地进行抗战史研究，并将研究成果对民众进行普及和宣传，对中日两国之间的友好发展有着非常重要的作用。

韩国仁川大学教授金志焕的《近年来韩国的中国抗战史研究》，从韩国学者所著的中国抗战史研究书籍在不同时期韩国近代史研究书籍中所占的比例，以及具体研究内容，来观察韩国学者对中国抗战史研究的倾向。他认为档案在史学研究中起着非常重要的作用，近期韩侨档案资料的公开，为研究者提供了新的思路和方向，他还希望中韩两国能不断推进抗战史的学术交流与合作研究。

美国加州大学尔湾分校、上海纽约大学助理教授杨涛羽的《21 世纪以来英语学术界有关上海抗战研究综述》，主要介绍了英语学术界近 20 年来有关上海抗战的研究状况，在解释英语学术界相关论著的方法论、关注主题以及研究特点的同时，也与国内近年来的研究状态做了对比。他还对西方学界有关国内抗战研究的认知状态进行了初步分析。

上海社会科学院历史研究所副研究员江文君的《抗战初期上海市民的日常生

活》，将视野投向了抗战初期的普通上海市民，尝试利用公共租界工部局工业社会处保存的调查统计资料，呈现抗战初期上海市民日常生活的基本面貌，并从中得出战时上海市民的日常生活也是一种无声的抵抗与战斗，是一种隐秘的伟大的结论。

上海海洋大学马克思主义学院讲师李玉铭的《恢复与发展：远洋航运与孤岛时期上海物质供应》，将研究视野聚焦于"孤岛"上海，认为即使在日寇经济封锁的状况下，上海亦可以通过远洋运输进口大米、棉花、原煤以及其他工业原料甚至工业设备，来适应生产、生活的需要。文章运用了大量史料和数据对这一状况进行了研究与分析。

上海市方志办研究馆员陈健行的《吉见义明与"慰安妇"问题研究》，以当代日本左翼历史学家的代表吉见义明为考察对象，从吉见义明的"慰安妇"研究过程和研究成果入手，探析他在史料、内容与方法上的研究趋向，并对"慰安妇"制度的建立目的、实施过程、溯源等多个方面进行了较为详尽的论述。

华东师范大学历史系博士研究生王泽军的《"难以言说"的困境：山东"慰安妇"问题探析》，以独特的视角关注了"慰安妇"这一数量庞大的受害者群体却在抗战结束后"集体失语"的现象，认为其根源在于一方面她们缺乏合情合理的表达空间，另一方面书写"慰安妇"的人又受制于时代局限性与"民族—国家"的叙事。他呼吁将"慰安妇"问题研究置于20世纪整体史的视野下，跨专业、多角度地探寻这一群体经历的结构性问题。

日本大学文理学部教授小浜正子分享了《近三年来日本上海史研究会的活动简况》。日本上海史研究会成立于1990年，是一个纯粹的民间学术团体，由日本各学校、研究机构中对上海史有兴趣的学者自愿组成。小浜正子详细介绍了近三年来日本上海史研究会的学术成果及出版的图书，这些图书内容丰富、种类多样，时间跨度从战时的上海到战后的上海。同时她还就"慰安妇"问题与学者们进行了交流。

法国埃克斯-马赛大学东亚系教授安克强的《关于海派文化研究的谈话》，回顾了自己研究上海的缘起和历程，认为上海是各种文化交融之所在，具有极强的包容性，这是上海与其他城市不同的地方。"海派文化"要以上海作为研究社会史的基础，而不是仅仅聚焦于某些点的单层次研究。他强调，"海派文化研究已经成为专门的研究领域，无论在中国还是国外，都对这座城市的研究充满热情"。

金山本地历史文化研究

复旦大学历史系博士研究生刘鹏的《〈金山党组织发展斗争史（1925—1949）〉（修订本）的内容与特点》，详细介绍了该书修订后的内容、特点以及遇到的问题，并结合修订体会和目前党史界的主要工作，提出要在红色档案、地方文献的挖掘、整理和出版上继续深入，展现党在金山地区百年来的革命和建设成果的建议。

上海师范大学人文学院历史学师范班徐小桦的《金山县血吸虫病防治运动研究（1952—1970）》一文，结合金山县志、卫生志等档案资料，对金山县血吸虫病防治工作的典型性进行了研究，指出这些经验对于今天国家进行卫生现代化的建设，仍具有重要的借鉴意义。

上海师范大学人文学院硕士研究生周琦的《20 世纪 70 年代上海石化总厂的建设特点》，详细介绍了金山石化厂初期规划、厂址选择、围海造地等建设全过程，指出集体化时代下建设大型工程的普遍特征，主要体现为政府统一协调调动上海市各行各业的力量、各战线积极支援、民众热情参与。

本次研讨会以圆桌会议结尾，由上海师范大学人文学院副教授蒋杰主持。学者们回忆了上海抗战史，特别是金山抗战史的研究历程，分享了各自的心得和体会，并对今后如何拓展研究的深度和广度进行了探讨。上海地区唯一的民办抗战博物馆——崇明抗战博物馆馆长周雄凯到会向大家介绍了馆藏文物及学术研究成果，希望能加强与各学术机构、大学院校之间的交流与合作。通过讨论，与会学者一致认为，经过几十年努力，上海抗战史研究取得了丰硕的成果，但还存在不少学术空白点，比如上海城郊抗战这方面的研究仍比较薄弱，今后可以加大上海各区县抗战资料的收集整理工作，挖掘新的史料，推动上海抗战史研究更上一层楼。

线下与会学者合影

（原载澎湃新闻，2022 年 11 月 24 日）

"纪念二七大罢工100周年"中国工人
运动史研讨会举行

江文君

2023年2月7日下午，由上海社会科学院历史研究所现代史研究室和中国劳动组合书记部旧址陈列馆联合举办的"纪念二七大罢工100周年"中国工人运动史研讨会在沪举行，会议形式为线上。来自上海社科院、同济大学、上海师范大学、劳动报社、长辛店二七纪念馆、中国劳动组合书记部旧址陈列馆的专家学者云上相聚，展开了对二七大罢工纪念议题的深入探讨。

首先由会议主办者之一的马军研究员做开场白。他期待在今天这个重要的历史节点能对参会者有精神上的触动，并共同推动中国工运史研究的进步。马军指出，中国共产党自1921年7月23日在上海成立以后，就把推动中国工人运动作为自己最主要的工作，为此成立了中国劳动组合书记部，积极领导全国范围内的工人运动。而二七大罢工就是中国劳动组合书记部的一项重要成就，数千数万名铁路工人奋力而起，声势浩大，震撼全国，虽然最终被军阀政府残酷地镇压下去，但却因此积累了宝贵的斗争经验，涌现了一大批英雄人物，从而在中国工运史上留下了光辉的一页！历史所现代史室的工运史研究脉络可以上溯至上世纪50年代沈以行团队在上海市总工会上海工人史料委员会开展的工作，至今已有70多年的历史了。今天的会议虽然只是个中小型会议，但仍期待着它能产生建设性的效果。

本次会议分为上、下半场。首先是上海师范大学人文学院博士研究生陆轶隽的报告"书写即战场：以马超俊、邓中夏各自工运著作对二七罢工的分析为例"。他从介绍国共两党各自代表性的中国工运史著作——马超俊的《中国劳工史》和邓中夏的《中国职工运动简史》出发，细致地比较了两者对"二七大罢工"进程的不同书写，尤其是展示了具有差异性的分析与评价手法，据此指出，两党工运史理论家对该事件的诠释，本身就是围绕争夺工运话语权而摆开"战场"的体现。

同济大学马克思主义学院徐迟老师的报告是"英国外交档案中所见二七罢工史料——兼谈早期工运史的史料拓展"。她重点介绍了上海公共租界档案中与中共早期活动有关的部分史料，以及可资利用的英国外交部档案及日本亚洲历史资料中心这两个重要的国际数据库资源。尤其是前者依托于其驻中国各地的领事报告，可以与国内档案互为补充和印证。从目前掌握的报告可以看出，英国驻汉口领事并未对二七大罢工予以足够的关切与重视。而与之相异，英国驻华公使对罢工的重视程度则显得更强。徐迟认为，由于英国驻华各机构间的内部矛盾，使得他们对布尔什维克在华活动及影响的认识并不一致。

上海社科院历史所李志茗研究员的报告是"从律师到烈士：施洋就义及其反响"。他先是从瞻仰施洋烈士陵园的亲身经历出发谈到了研究缘起。据考证，施洋是中共成立后牺牲的首批烈士之一，他既是中共党员，也是工运领袖。他自开始律师执业之后，即同情革命，从学运走向工运，在随后的二七大罢工中壮烈牺牲。他就义后，上海媒体曾纷纷报道详情。该报告除了比较施洋真实形象和银幕形象的差异外，还重点介绍了施洋烈士陵园的历史沿革和现状，经过多次整修，该陵园已经成为传承红色历史的"记忆之场"。

上半场最后一个报告的是长辛店二七纪念馆的刘德华馆长。刘馆长首先指出，长辛店在中国工人运动发展史上具有标志性的意义和独特地位。接着，他详细介绍了长辛店二七纪念馆的历史和现况：该馆分为八个展厅，展陈从产业工人的兴起开展，随后是京汉铁路的建设，直至五四运动前后，一批先进的共产主义者纷纷来到长辛店，寻找中国革命的社会基础——产业工人，再后来便是波澜壮阔的大罢工过程。他特别强调了第六展厅里展陈的二七大罢工后获救工人所遗存的一副用泥土捏成的象棋，以及当年被捕工人带过的手铐和脚镣。他说每当看到

施洋烈士陵园

长辛店二七纪念馆

这些弥足珍贵的革命文物时，就会被前辈们的革命乐观主义精神所激励和感动。刘馆长最后指出，毛泽东同志对长辛店曾有过一个历史性的定位和高度评价："中国工人运动是从长辛店开始的。"同时，中国工人最早接受马克思主义的思想启蒙，也是从最早一批留法勤工俭学学员来到长辛店开始的。

下半场的第一个报告是"中国工运史学者口述史的那些人和事儿"，报告人中国劳动关系学院的刘钟美老师两年前曾由京来沪，对上海社科院历史所的工运史研究前辈郑庆声先生做过一次口述访谈。在访谈中，郑先生表示，现在应该抓紧时间采访原有的工运史学者，"要抢救活人"，因为这些人大多年事已高，不要把那些已有的珍贵资料遗失掉。刘老师所在的中国劳动关系学院目前正在设立中国工运文库，其学院下属的图书馆承担的任务正是对广大离退休的工运史学者进行口述采访。到目前为止，已经出版了《中国工运学者访谈录》一、二两辑（社科文献出版社），汇集了40余名学者的生平、志事。这一工作对于还原中国工运史研究的脉络和学科变迁当然是极有助益的。

《中国工运学者访谈录》（第一辑）书影

劳动报社党委书记崔校军的报告是"《劳动报》今昔"。崔书记指出，《劳动报》的缘起最早可追溯到中国劳动组合书记部1921年创办的《劳动周刊》。之后到1949年，上海有关工人运动的报刊一共有170多种，绝大部分是在中共领导或影响下编辑出版的。1949 年上海解放前夕，陈毅同志在丹阳集训时曾提出，上海应该有一张工人自己的报纸。由此，《劳动报》于 1949 年 7 月 1 日创刊。该报随后培养了一批工人通讯员写通讯报道，他们中间后来涌现了一批工人作家。该报在 1961 年曾一度停刊，1978 年后逐步恢复，直至 1982 年全面复刊。《劳动报》现在主要承担着上海市总工会机关报的职能，旨在面向广大职工群众，发出党的声音，全力做好职工保障服务工作，为职工维权贡献力量。

上海社科院历史所段炼副研究员的报告是"谈谈近年来上海版的若干工运史著作"。他首先指出，2020 年上海市总工会推出了一部《上海市志・群众团体分志・工会卷 1978—2010》，这是近年来上海工运史研究的标杆之作。同时，上海的不少行业工会，譬如教育工会、机电工会也相继推出了不少自身行业工会的大事记和工会发展史，一些区级工会，譬如宝山区工会则推出过工会沿革史料汇编。此外，还出现了一些个人研究著述。严格来说，这些著述更多偏重于社会史层面，有些还侧重于工业史和企业发展史。段炼还认为，1949 年以后的新中国工运史已经有了 70 多年的历史积淀，它实质上是中共领导工人群众的建设史，可歌可泣的事迹和内容很多，很值得书写，理应成为未来工运史研究新的发展方向和学术增长点。

本次会议的最后一个报告是上海市静安区文物史料馆朱润馆长的"中国劳动组合书记部旧址陈列馆的由来和现状"。朱馆长详细介绍了中国劳动组合书记部旧址的历史沿革，先是 1958 年经过勘查确认了书记部旧址，并于 1992 年在旧址内建陈列馆，2019 年进行了保护性修缮和布展提升工程，馆内展陈面积扩大了将近一半。扩展后的内容由五大部分组成，并在 2019 年新中国 70 周年华诞之际正式对公众开放。除了布展以外，该馆还重视学术研究，在上海社科院历史所等研究单位的大力帮助和专业指导下，已出版的学术成果包括《红映浦江——上海工运历史研究丛书》第一、二辑。近年来，陈列馆也积极运用新的传媒技术手段和文创产品研发来持续扩大宣传传播的影响力，取得了不错的效果。

中国劳动组合书记部旧址陈列馆

会议最后由上海社科院历史所江文君副研究员对每篇报告做了精辟的评点。

经过了四个小时非常紧凑的交流，与会学者深切感受到了本次会议具有的学术性、社会性和教育性。以二七大罢工、五卅运动等为主要亮点的中国工运史是一首宏大的史诗，值得研究者们付出精力和辛勤汗水去不断地开拓与求索！

办刊信息

上海社科院历史所现代史研究室所办期刊及详目

马　军（编撰）

我们上海社科院历史所现代史研究室仅有八名成员，但近年来先后推出了五种期刊，依首刊时间分别是：《上海法租界史研究》《现代中国与世界》《上海史研究通讯》《红映浦江：上海工运历史研究》《上海史研究》。我们办刊纯属促进学术交流、结交学界同好的性质，并无意图纳入当前既有的"一统天下"的期刊评价体系，所以在上面发文绝无"核心""权威"的地位，也就没有了多少考核分数可得，更勿论"重点刊物"的奖励，亦无助于构成职称晋升的要件。确切地说，推出它们只是"自寻开心"而已，但满足本心难道不也是很重要的吗？当然，还有另外一个同样重要的宗旨，那就是在当前纷扰、功利的学界中，能够保持一方淡定，延续本研究室、本所的历史文脉，以待将来。众所周知，本所在"文革"以前，以编纂大部头的"上海革命史"资料集为首业，"文革"后又以上海城市史为主要研究方向，而法租界史历来是上海史研究中的弱点，所以我们的上述刊物正是针对于此的。

办刊物是要花钱的，2014—2019 年本院搞创新工程，本人忝任"中国现代史"创新型学科团队首席专家，从中抽出了一部分经费。另外，研究室每年度也有"人头费"，又可扣出其内的一小部分，再加上与其他单位的合作，以及个别同人的捐助，得以基本维持了局面。但捉襟见肘之下，我们还是最终放弃了其中的《上海法租界史研究》，从第四辑开始，该刊已由上海师范大学都市文化研究中心接盘续办。该中心的蒋杰副教授是留法归来的博士，在该刊的前三辑（每辑近 300 页）就已担任了第二主编，负责实际的运转工作，所以由其作为今后的唯一主编，是完全适当的，也是可以信赖的。事实上自交接之后，《上海法租界史研究》第四辑已经正式出版，第五辑的面世亦指日可待。

在办刊过程中，我们尤其注重发挥每一位同人的作用，使大家在进行个人研究的同时，也逐步学习、具备编纂一种刊物的能力。资深研究员张剑和青年副研究员江文君共同主编《现代中国与世界》，目前已出三辑，每辑约 400 页，因其论文厚重、形式多样、关怀面广，而成为本室的"室刊"。虽然当前经费匮乏，但第四辑依然在筹措之中，因为"坚持就是胜利"，我们将想尽一切办法保持其连续性。内部刊物《上海史研究通讯》主要由新人蒋凌楠负责，每年出一辑，已出新刊共四辑，每辑约 60 页，旨在承接上世纪 80 年代唐振常先生创办、主编的旧刊，以传递上海史研究的各类信息为乐事。《红映浦江：上海工运历史研究》是本室与静安区文物史料馆的合作产物，由蒋宝麟副研究员担任具体执行工作，除内收双方人员的工运史论文外，还重在披露本室所藏的工运史珍贵资料，例如上世纪 50 年代的上海老工人口述、公共租界警务处日报选译等。目前该刊已出两辑（每辑约 300 页），第三辑业已交付出版社。《上海史研究》三编由著名方志专家段炼副研究员担任实际的主编工作，上世纪 80 年代曾出过唐振常先生负责的一编、二编，此编（共 347 页）亦是为了接续，而四编亦已编竣待出。

我们的刊物除了登载本研究室及相关合作单位的最新成果外，还留出相当大的篇幅面朝四个方向：其一是老前辈、老同人的未刊文稿，例如工运史名家郑庆声老师的旧稿、昔论曾起到"压舱石"的作用；其二是有步骤地刊登珍稀的历史资料，而这主要是基于本研究室数十年过程中形成的二三千万字的积稿；其三是面向社会上的普通历史爱好者，让他们也有一个参与历史、展现自身努力的平台；其四是针对在读的博士、硕士研究生，便于其人能够看到自己的思绪变成铅字，并闻到墨香，不因受核心刊物的频频退稿而丧失学术自信。

当然，我们还要特别感谢负责拙刊编辑、出版业务的上海书店出版社、上海社会科学院出版社和学林出版社，他们细心而耐心的工作，使众人的成果能够较快、更好地面之于公众。

总之，本研究室的这些刊物是学术的，也是社会的，是关注历史人物的，也是属于现实生活中的各类史者、史家的。所以，盼各界朋友继续支持！

各刊内目见下：

（以首刊时间先后为序）

第一种：《上海法租界史研究》（马军、蒋杰主编，上海社会科学院出版社出版）

《上海法租界史研究》（第一、二、三辑》书影

第一辑（2016 年 3 月）

目录

发刊词

那些寥落、湮没和远去的星辰　　马　军

专题论文

一战期间上海法租界当局对德国侨民的处置

——以 1917 年会审公廨判决书为中心的考察　　侯庆斌

新史料

《上海法（租界）公董局华文公报》概况　　章斯睿

上海法租界　　席涤尘　口述　盛　魁　整理

文献目录

《上海法租界纳税华人会会报》目录　　劲　草　录入整理

上海《法租界纳税华人会会员录》（二）　　陆　烨　整理

学术动态

从传说到近于真相

　　——读张英伦的《敬隐渔传奇》　　王细荣

法国殖民史学会第 44 届年会综述　　任　轶　吴子祺

多元视野下租界史研究的推陈出新　　冯钰麟

在《上海法租界史研究》第二辑首发式上的讲话（2018 年 1 月 20 日）　马　军

第二种：《现代中国与世界》（张剑、江文君主编，上海书店出版社出版）

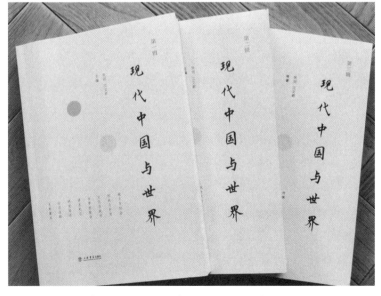

《现代中国与世界》第一、二、三辑书影

第一辑（2018 年 4 月）

会议追踪

"抗日战争史研究新趋向"国际学术研讨会综述 / 蒋宝麟

史料集成

美国驻南京总领事馆因应山海关事变的部分函件 / 魏晓锴　译，黄　化　校对，李　玉　审订

1933 年 5 月美国总统罗斯福与国民政府主席林森往来函 / 魏晓锴　译，黄　化　校对，李　玉　审订

美国传教士费奇指控日军洗劫其南京、上海财产并请求赔偿的一组函件 / 王　静　译，李　玉　校

征稿启事

第二辑（2019 年 12 月）

目录

域外之音

《死神与城市——上海死亡社会史》导言 / 安克强

革命与文化

陈望道与中共建党 / 江文君

旅欧求学渐觉醒　投身革命即为家

　　——青年陈毅的思想蜕变和道路选择 / 邵文菁

"第三阶级""第四阶级"话语在近代中国的兴衰 / 蒋凌楠

科学社团与学术独立：以中国科学社为中心的考察 / 张　剑

中日问题

"对日文化工作委员会"与留用日侨

　　——兼谈堀田善卫的留用 / 丁世理

两次中日战争成败反转原因探析 / 赵　基

地方视野

滨江关道的设治与道尹的更替研究 / 高龙彬

上海市私立豆米业小学校初探 / 马　军

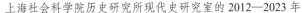

8. 房云芳著《亦写亦祷：晚清西学东渐中的李问渔》（学林出版社 2020 年 6 月版）

9. 张剑、姚润泽编注《中国科学社档案资料整理与研究·（社友）人物传记资料选编》（上海科学技术出版社 2020 年 10 月版）

10. 何品、王良镭编注《中国科学社档案资料整理与研究·年会记录选编》（上海科学技术出版社 2020 年 12 月版）

征稿启事

第三种：《上海史研究通讯》（上海社会科学院历史研究所现代史研究室主办，内部自印）

《上海史研究通讯》书影

新刊第一辑（总第 12 期，2019 年 12 月）

目录

本刊回溯

《上海史研究通讯》第 1 至 11 期篇目 / 马　军　编

第四种：《红映浦江：上海工运历史研究》（马军、朱润主编，蒋宝麟等副主编，上海书店出版社出版）

《红映浦江：上海工运历史研究》（第一、二辑）书影

第一辑（2020 年 5 月）

前言

目录

名家专论

中国工人运动史研究的若干概念、界定和状况 / 郑庆声

专题论文

上海英美烟厂工人罢工与中国劳动组合书记部成立 / 朱　润

关于广东劳动组合书记部史事的三则考辨 / 徐　迟

媒介舆论与工人运动：建党初期劳动组合书记部宣传与报道 / 徐　迟

中国劳动组合书记部和第一次全国劳动大会 / 徐　煜

王荷波：中国共产党第一位工人出身的中央委员 / 劳　勋

研究综述

中国劳动组合书记部研究综述与展望 / 蒋凌楠

译，陆　琰　录入，蒋宝麟　补译、校注

史料目录

《上海工运史研究资料》、《上海工运史料》目录 / 马　军　编

工运史研究回忆

25 年前，我写完了《上海工人运动史》的最后一章："开展护厂护店斗争，迎接新上海的诞生" / 马　军

关于中国劳动组合书记部旧址陈列馆展陈提升与史料增补的回忆 / 徐　迟

第五种：《上海史研究》（马军、段炼主编，学林出版社出版）

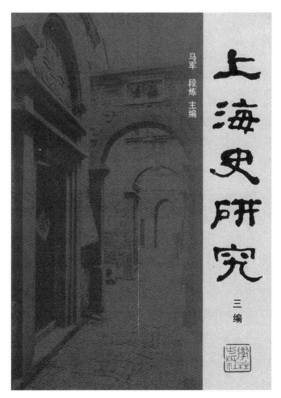

《上海史研究》（三编）书影

三编（2020 年 6 月）

目录

（原载"上海史研究通讯"微信公众号 2022 年 12 月 1 日、2 日、3 日）

室友风采

段　炼

　　上海社会科学院历史研究所副研究员、硕士研究生导师，上海市抗战研究会副秘书长、上海市中共党史学会理事、上海市地方史志学会理事、上海市宋庆龄研究会理事、东方讲坛特聘讲师。主要从事上海地方史、中共党史、口述历史及博物馆学研究。曾主持"博物馆与口述历史""上海地区年画艺术史料整理与研究"等上海市哲社规划课题。著有《探索与实践：博物馆与口述历史》，主编《上海市志·档案方志分志·方志卷》《往事与记忆：上海地区博物馆、纪念馆口述访谈录》《浦东道教年鉴》《记忆肇嘉浜》，合作出版《考古百问》《话说沪商》《上海会馆公所史话》《孙中山上海史迹寻踪》《宋庆龄上海史迹寻踪》《史事与史迹：孙宋孔蒋家族在上海》《一个共产党人的数学人生：谷超豪传》《一个人与一个系科：于同隐传》等著作，在各类刊物发表论文数十篇。

甘慧杰

1970 年 8 月生，1992 年从复旦大学历史系毕业后进入上海社会科学院历史研究所工作。1998 年在上海社会科学院获硕士学位，1999 年曾赴日本新潟大学访学一年。专研上海史、中日文化史。曾参与 15 卷本《上海通史》的撰写，译著有《宗方小太郎日记》《上海魔都》等，发表论文、译文 10 多篇。

蒋宝麟

　　1981 年 11 月生，浙江宁波人。2004 年毕业于浙江师范大学人文学院，获历史学学士学位；2007 年毕业于南京大学历史系，获历史学硕士学位；2010 年毕业于香港中文大学历史系，获哲学博士学位。2010 年 10 月至 2022 年 9 月在上海社会科学院历史研究所工作，历任助理研究员、副研究员、《史林》编辑部主任，2013 年 4 月起成为现代史研究室成员，直至离职。现任南京大学历史学院、南京大学中华民国史研究中心教授。2012 年入选上海市浦江人才计划，2021 年入选上海市曙光计划、中宣部宣传思想文化青年英才，2022 年入选南京大学登峰人才支持计划 B 层次。主要研究领域为中国近代政治与文化史、教育经济史、中国大学史、民国史、企业史。出版专著《清末学堂与近代中国教育财政的起源》《民国时期中央大学的学术与政治（1927—1949）》《体国经世：民国的学人与商人》。

　　在上海社科院历史研究所工作期间，曾多次参与现代史研究室主办学术会议的会务工作，执行编辑《海外与港台地区中国抗战史研究理论前沿》《抗日战争史研究新趋向》《红映浦江》第一辑、第二辑等研究室集体著作。负责整理、补译、校注现代史研究室藏《上海工运动态（上海公共租界工部局警务处日报、情报摘译，1918—1935）》，目前已完成 1927 年前部分。

蒋凌楠

　　1987 年生，辽宁鞍山人。2010 年本科毕业于北京师范大学，2018 年研究生毕业于北京大学，获历史学博士学位。曾赴台湾师范大学、美国耶鲁大学交流访学，兼复旦大学历史学系博士后研究工作，现为上海社会科学院历史研究所助理研究员。研究领域为中国近现代政治文化史、社会主义传播史、全球视野下的革命史、东亚概念史等，运用英、日、德、俄等多语种文献。博士论文研究"阶级"话语在清末至国民革命时期的出现与运用，以此为基础扩展研究，先后主持了上海社科院招标课题、上海市哲社办规划课题、中国博士后科学基金会项目、国家社科基金后期资助项目，并发表若干论文。

江文君

1981 年 4 月出生于上海，1999 年至 2009 年就读于上海师范大学历史系，获历史学博士学位。上海社会科学院历史研究所副研究员、现代史研究室副主任。主要研究方向为上海城市史、中共创建史、近代社会史、抗战史。专著《近代上海职员生活史》(上海辞书出版社 2011 年版)，《都市社会的兴起：近代上海的中产阶层与职业团体》(上海辞书出版社 2017 年版)；合著《上海城区史》(上海学林出版社 2011 年版)，《近代上海城市公共空间》(上海辞书出版社 2012 年版)，《上海通史（新编）》第十卷；主编《上海通史（新编）》第十八卷。在《历史研究》等刊物上发表论文 10 余篇，其中三篇被《新华文摘》《人大复印资料》分别转载。

马　军

　　1969年11月生，历史学博士、研究员（三级）。1992年8月进入上海社会科学院历史研究所工作，现为现代史研究室主任，研究方向为上海史、中华民国史、中外近现代军事史、中西文化交流史、上海社科院历史所所史。

　　主要成果有：《上海通史·当代文化》（合著，1999年）；《从上海市长到"台湾省主席"（1946—1953年）——吴国桢口述回忆》（合译，第1版，1999年；第2版，2015年）；《泰西新史揽要》（点校，2002年）；《1948年：上海舞潮案》（著作，2005年）；《中国近代科学家徐建寅传略》（编著，2005年）；《近代中国高校校歌选》（编纂，2006年）；《国民党政权在沪粮政的演变及后果（1945年8月至1949年5月）》（著作，2006年）；《夜来临——吴国桢见证的国共争斗》（合译，2009年）；《舞厅·市政——上海百年娱乐生活的一页》（著作，2010年）；《百年轮渡》（副主编，2010年）；《全面抗战时期中国文化界译介日本"中国研究"文献目录简编》（编纂，2015年）；《百乐门：老上海集体记忆》（执笔，2015年）；《上海法租界史研究》（主编，2016—2019年）；《上海工人运动历史资料》（主任整理，2016年）；《中国近现代史译名对照表》（编撰，2016年）；"战乱中的上海"丛书（主编，2017年起）；《屉内拾遗集》（著作，2018年）；《史译重镇：上海社会科学院历史研究所的翻译事业（1956—2017年）》（编撰，2018年）；《上海工人运动史大事记两种》（主任整理，2019年）；《重会海外汉学界（1979—1983）——〈史学情况〉集粹》（选订，2019年）；《史研双峰：〈上海史〉（1989年版）、〈上海工人运动史〉（1991、1996年版）是怎样写成的？》（编篡，2019 年）；《旧稿拾遗——上海工厂史料两种》（合作整理，2019 年）；《我所了解的国际汉学界》（编，2020 年）；《红映浦江——上海工运历史研究》（主编，2020 年起）；《上海史研究》（主编，2020 年起）；《抗日战争研究新趋向》（执行编委，2020 年）；《海外与港台地区中国抗战史研究理论前沿》（主编，2020 年）；《铁门内外——对上海两租界一项公共防卫措施的研究（1925—1946）》（著作，2020 年）；《炉火正红：上海社会科学院历史研究所"工运史研究三杰"论辑》（主编，2020 年）；《李亚农古文字研究四种》（编，2020 年）；《1927 年前的上海工人运动史》（合作整理，2021 年）；《史园三忆》（编，2021 年）；《故纸与往事：上海社会科学院历史研究所所史文论集》（著作，2022 年）；《历史学家刘修明纪念集》（编，2023 年）；《峥嵘岁月：龙华烈士纪念馆口述资料选编》第二辑（合编，2023 年）。另发表论文 70 余篇，文章、译文、目录、游记、口述采访等约200 篇。

张 剑

　　1969 年 5 月生于四川省宣汉县大成人民公社第九生产大队（今大成镇锁辖村），1987 年考入北京钢铁学院（今北京科技大学）地质系地质矿产勘查专业。1991 年毕业，分配至冶金部西南地质勘查局 604 大队（四川省广元市）充任地质队员，嘉陵江边淘金一年半，撰写勘探报告，收获颇多；大巴山深处矿产普查，转悠半年，看风景，游任河。1993 年考入复旦大学历史系，师从沈渭滨先生攻读硕士学位，本想畅游于文学的想象空间，不想陷入历史故纸堆。1996 年毕业，任职上海社会科学院历史研究所，已逾四分之一世纪，2004 年晋升副研究员，2008 年评升研究员。其间 1999 年随华东师范大学历史系王家范先生在职攻读博士学位，2002 年毕业。

　　游荡于巴山蜀水时，我曾想以地理环境与地质条件相似，但因行政区划不同而社会、经济、人们生活千差万别的两个区域为研究对象，探讨人为因素如何作用于自然环境。设想是美好的，现实是骨感的，沈渭滨先生将我从迷梦中唤醒，以科学社会学的理论和方法研究中国科学社成为我叩响历史门扉的第一声，由此扩展到以中国近代科学技术发展与社会变迁为研究方向，一晃已经过去 30 年。还记得第一次阅读原始资料时的兴奋——终于摆脱了被灌输的被动境地，可以自己触摸历史的本相脉络与脉动，问题是历史的本相探求谈何容易！

　　农民的本性曾让我入职之初流连于中国近代农业科技改良，发表《三十年代中国农业科技的改良与推广》《农业改良与社会变迁——抗战前金陵大学农学院安徽和县乌江农业推广实验区研究》等一系列论文，博士论文的选题也一度游移于区域社会史与农业科技改良之间，最终还是回归到硕士论文，从此不再"朝三暮四"（深知知识的无涯与生命的有限）。多年来聚焦于中国近代学术体制建构的艰辛历程，寻绎学术体制的特征与天生缺陷，探讨学术与政治纠葛的多重面相，经历了"从点到面""从面到点"循环往复的研究历程。

以中国科学社为基础研究民间学术社团在中国近代科学发展上的作用与地位，在博士论文基础上出版《科学社团在近代中国的命运——以中国科学社为中心》，主持"中国科学社档案资料整理与研究丛书"，聚合同人整理出版资料集五部。独著《赛先生在中国：中国科学社研究》，认为作为近代中国延续时间最长、影响最为深远的综合性科学社团，中国科学社享受了为科学理念和科学事业奔走呼号的职业化乐趣，但也备尝在新旧杂陈的社会夹缝中争取学术社团生存的艰辛，在自身建设、具体运作中有非学术、不民主等因素贯穿其间，更不能与其他团体通力合作结成抵抗政治强力的民间社会力量，反而与政治纠缠不清，自然在政治强力面前不堪一击。

民间社团仅仅是科学体制建设中的一环，全面考察中国近代科学体制形成与发展的各方面成为水到渠成的题目。我在樊洪业先生的举荐下有幸参与耿云志先生主持的"近代文化转型"课题，出版专著《中国近代科学与科学体制化》，认为中国近代科学体制无论是科研机构、名词术语审定，还是科学评议与奖励等方面都存在政府化趋势，最终导致中国科学体制道路走上了政府化的歧途，深刻地影响了中国近代科学甚至当代科学的发展。

我在研究中发现学术评议作为学术体制的重要组成部分，在民国的创立发展很有研究价值与现实意义，以此为题申请获得国家社会科学基金资助，成果以《民国学术评议制度的创立与学术发展》交付出版社。研究表明，从国外移植并本土化的民国学术评议制度作为学术体制的重要组成部分，是中国近代学术发展到一定程度的产物，虽有超前制度设计的冲动，但最终回归学术发展的正常轨道，形成了以政府为主导、民间为辅助的本质性特征体系，有一套比较完善而公正的评议程序，以杜绝现实政治、意识形态及其他非学术因素的侵扰，显现了学术独立于政治、学术超越政治的相对自由的学术理想状态；参与其间的学人们也往往超越个人利益与局部利益，以学术良知弥补了规则的漏洞，遴选出能真正代表学术发展的奠基性作品与标志性人物，从而建立起一套良性的学术运行机制，极大地影响了民国学术发展。

未来将继续从事学术评议研究，题目为《从评议员到院士：中研院首届史学类院士遴选研究》，同时有《双城记：中央研究院在上海与南京》的计划，还是想回归"初心"。

专业研究之外，参与"老科学家学术成长资料采集工程"，合著《谷超豪：一个共产党人的数学人生》《一个人与一个系科：于同隐传》等，并担任"工程"审稿专家；从事历史普及著作的撰写，出版《世界科学中心的转移与同时代的中国》《1840 年：被轰出中世纪》，主编《上海市志·上海特奥会分志》等；参与沈渭滨主持的国家清史编纂委员会课题"光绪朝人物传记（上）"，负责其中 20 多位军事将领传记撰写。目前担任《中国科技史杂志》编委、"老科学家学术成长资料采集工程"丛书编委、中国科技史学会理事等。

赵　婧

　　毕业于复旦大学历史学系，获博士学位，现为上海社会科学院历史研究所副研究员，主要从事医疗社会史、性别史、城市史研究。曾赴英国、韩国、中国香港等地交流访学，担任中国社会史学会医疗社会史专业委员会理事、英国惠康基金会（Wellcome Trust）"中英医学人文合作项目"（2019—2022）负责人之一。主持或参与国家、省部级课题多项。出版专著《近代上海的分娩卫生研究（1927—1949）》（上海辞书出版社 2014 年），编著《上海通史·第 19 卷·人物传（三）》（上海辞书出版社 2018 年），译著《上海卫生：中国保健之注意事项》（中华书局 2021 年），并在《近代史研究》《史林》《妇女研究论丛》等核心期刊发表论文多篇。

后 记

上海社会科学院历史研究所现代史研究室是 1998 年由原现代史研究室和原工人运动史研究室合并而成的。在长达几十年的发展历程中，现代史研究室名家辈出，涌现了沈以行、姜沛南、任建树、郑庆声、傅道慧、罗苏文等知名历史学家，贡献出一大批享誉海内外的优秀学术成果，其中最著名的是《上海工人运动史》(上、下卷) 和《五卅运动史料》(共三卷)。

进入 21 世纪后，尤其是 2012 年以来，本研究室同人坚持不懈、刻苦钻研、薪火相传，使现代史研究室发展成为上海社会科学院内的一个学术重镇。现代史研究室沿着历史研究所既往的学术传统，即中国革命史、中国现代史和上海史的重点发展方向，因应着新时代史学界的发展潮流，不断开拓进取，激发出许多新的学术增长点。实在有必要对此做一番整理总结，以备后人查阅。

自 2009 年本人博士毕业进入本研究室工作以来，日益深切地感受到现代史室是一个将过去、现在和未来交融在一起的，坚强有力、风雨同舟、团结奋进的学术共同体。长期以来，历史资料保存、学术工作记录是其一项光荣的传统。我们作为现代史研究室当下的成员，有责任、有义务留下一些历史纪念和时代印记，相信这份学术遗产将会是未来继续奋进的起点和指南。

正是基于这份信念和考量，2022 年底，在研究室主任马军的倡议下，我们筹划和启动了本书的撰写、编辑工作，将近 10 余年来陆续召开的学术会议和成果信息搜集、整理成册，由此呈现在广大读者面前，以为学林共鉴。

我们坚信，凡是经历过的岁月，都应该留下记忆，不能白白地消逝，应该为这个时代的学术史、史学史留下一份坚实准确的记录稿。

本书在编辑过程中得到了上海教育出版社戴燕玲编辑的大力支持，在此表示真挚的感谢！

江文君

2023 年 4 月 15 日

图书在版编目（CIP）数据

史潭清流：上海社会科学院历史研究所现代史研究室的2012—2023年 / 马军等著. — 上海：上海教育出版社，2023.8
ISBN 978-7-5720-2174-9

Ⅰ.①史… Ⅱ.①马… Ⅲ.①社会科学院 – 史学 – 研究所 – 概况 – 上海 – 2012-2023 Ⅳ.①K0-242.51

中国国家版本馆CIP数据核字(2023)第154211号

责任编辑　戴燕玲
封面设计　王　捷

史潭清流：上海社会科学院历史研究所现代史研究室的2012—2023年
马　军　江文君等著

出版发行　上海教育出版社有限公司
官　　网　www.seph.com.cn
地　　址　上海市闵行区号景路159弄C座
邮　　编　201101
印　　刷　上海商务联西印刷有限公司
开　　本　700×1000　1/16　印张 16.25
字　　数　255 千字
版　　次　2023年8月第1版
印　　次　2023年8月第1次印刷
书　　号　ISBN 978-7-5720-2174-9/K·0022
定　　价　68.00 元

如发现质量问题，读者可向本社调换　电话：021-64373213